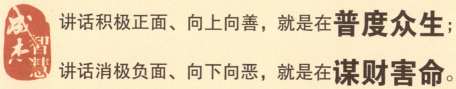 讲话积极正面、向上向善，就是在**普度众生**；

讲话消极负面、向下向恶，就是在**谋财害命**。

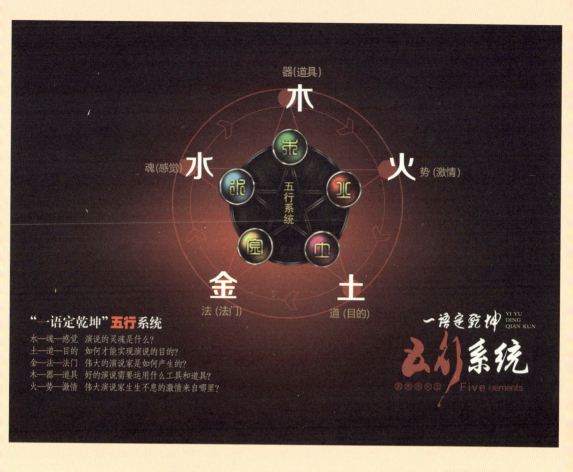

"一语定乾坤"五行系统

水—魂—感觉 演说的灵魂是什么?
土—道—目的 如何才能实现演说的目的?
金—法—法门 伟大的演说家是如何产生的?
木—器—道具 好的演说需要运用什么工具和道具?
火—势—激情 伟大演说家生生不息的激情来自哪里?

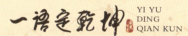

《一语定乾坤》境界篇

1. 姜子牙对周文王说了什么,使周朝江山稳固八百年?
2. 刘邦说了什么,成就了大汉江山?
3. 刘备三顾茅庐时说了什么,打动了诸葛亮,定蜀国而三分天下?
4. 魏徵对李世民说了什么,成就了"贞观之治"?
5. 孝庄对康熙说了什么,定其心,使其成为一代明君?
6. 孙中山对中国说了什么,成就了辛亥革命,建立了民主共和?
7. 毛主席对农民说了什么,成立了伟大的中华人民共和国?
8. 联想和IBM联盟时,柳传志说了什么,促成其世界级的合作?
9. 苹果教主乔布斯每次演说一定要用的技巧是什么?
10. 马云说了什么,使其6分钟内获得前亚洲首富孙正义2000万美元的投资?

第186期"一语定乾坤"总裁研讨会 巨海集团六周年庆典　　2014年12月 中国·上海

一语定乾坤

成杰◎著

民主与建设出版社　博集天卷 CS-BOOKY

图书在版编目（CIP）数据

一语定乾坤 / 成杰著. —北京：民主与建设出版社，2015.3
ISBN 978-7-5139-0573-2

Ⅰ.①一⋯　Ⅱ.①成⋯　Ⅲ.①演讲－语言艺术－通俗读物
Ⅳ.①H019-49

中国版本图书馆CIP数据核字（2015）第 034610 号

一语定乾坤

出　版　人	许久文
责任编辑	王　颂
监　　制	于向勇
特约策划	成　墨
封面设计	仙境设计
出版发行	民主与建设出版社有限责任公司
电　　话	（010）59417749　59419770
社　　址	北京市朝阳区阜通东大街融科望京中心B座601室
邮　　编	100102
印　　刷	北京天宇万达印刷有限公司
成品尺寸	720mm×1040mm　1/16
印　　张	17
字　　数	160千字
版　　次	2015年3月第1版　2022年1月第2次印刷
书　　号	ISBN 978-7-5139-0573-2
定　　价	36.00元

注：如有印、装质量问题，请与出版社联系。

　　从一只灰黑丑陋的蛹，蜕变成一只翩飞的蝶，大约需要 10 天时间。那么一个人呢？从无名小卒蜕变成身家上亿的成功者，需要多久？我的答案是：10 年。

　　我用了 10 年，从曾经自卑内向、迷茫无措的青涩小伙，成为了今天在几万人的演说台上挥斥方遒的超级演说家；

　　我用了 10 年，从 63 天找不到活儿，衣食无着，到今天的 80 后演说少帅、2013 十大杰出青年川商、中国十佳培训师、亚洲培训界新一代领军人物、世界华人演说家俱乐部主席；

　　我用了 10 年，从在刺骨寒风里摆地摊卖书被城管追得满街跑，到今天成为超级畅销书作家；

　　我用了 10 年，从一个从早上 9 点干到晚上 9 点，一天只有 5

块钱收入的小餐馆服务员，到今天身家过亿的成功企业家；

我用了10年，从一个大山里走出来、没有任何背景的80后，到今天拥有100多家分公司及合伙公司的巨海集团董事局主席；

我用了10年，从一个默默无闻的流水线工人到勇闯上海滩的传奇人物，我的奋斗故事已经出版成畅销书《80后演说少帅成杰》并即将拍成电影，影响亿万人的命运；

我用了10年，从一个因交不起学费而初中未毕业的追梦人，成为今天的企业家、演说家、慈善家，如今的我正在慢慢实现捐助101所巨海希望小学的梦想……

正所谓"十年磨一剑"，10年时间可以让一个人从一无所有到峥嵘尽显。

或许，有人不同意我这种说法，他说："10年时间，我还在原来的单位，干着原来的职位，拿着原来的工资。"他说："10年时间，我换了单位，再换单位，又换了单位，结果，职位还是一样的职位，工资还是一样的工资。"他又说："10年时间，我创新，我创业，我不停地折腾，除了多了满身伤痕外，我还待在原地。"

马云说："如果我能成功，那么世界上80%的人都能成功。"可为什么马云成功了，并且越来越成功，你却仍旧在原地踏步、裹足不前呢？我告诉你，原因就在于你没有窥破成功的奥秘：公众演说是实现伟大梦想的唯一法门！

每位伟大的领袖都是一流的演说家。英国首相丘吉尔曾说："一个人可以面对多少人，就代表这个人的人生成就有多大！"无论是政界领袖，例如列宁、毛泽东、周恩来、曼德拉、奥巴马，还是商界领袖，例如杰克·韦尔奇、史蒂夫·乔布斯、柳传志、张瑞敏、任正非、马云等，古今中外99%深具影响力的成功人士都是公众演说方面的超级说服大师。

是人才不一定有口才，但有口才者一定是人才！无数事实和千万从平凡到优秀、从优秀到卓越的精英俊杰都充分证实了这条颠扑不破的真理：公众演说蕴藏着宇宙的无穷能量！

驰骋商海风云，笑傲春秋人生，掌握演说智慧，胜过百万雄兵。公众演说的魅力是无穷的，但凡有野心、对生活现状不满、想要改变自我、攀登成功巅峰的人都应该首先掌握公众演说的智慧，那么，如何才能做到呢？

有人说，我天生内向寡言，是不可能成为演说大师的；有人说，我口舌不清，有语言障碍，是没法去做公众演说的；有人说，我学习了很多演说课程，可还是没能掌握演说的技巧。他们是不是一生都没有通过公众演说触摸成功的奥秘的机会了呢？当然不是。

在过去从事演说教育培训的12年的时间里，我先后参加了100多位国内外知名演说家、培训师的学习课程，并与共和国演说家李燕杰教授、彭清一教授、刘吉教授，畅销书《心灵鸡汤》的作者马克·汉森，国际激励大师、无腿超人约翰·库提斯，世界两性关系权威约翰·格雷，世界上最伟大的销售员乔·吉拉德等名人名师同台发表公众演说，在全世界120多个城市巡回演说3180场，为上千家企业做过培训，影响了上百万听众。

在这个过程中，我发现，要想掌握公众演说的智慧并不难，很多时候我们不需要流利的口才、外向的表演和过多的技巧，就只需要一句话。一句关键的话，就可以一语惊四座、一语定乾坤。

　　在这本书里，我倾尽 12 年公众演说的经验和体悟，与大家分享一语定乾坤的奥秘。如何聚集人才，如何鼓舞士气，如何打动人心，如何提升形象，如何促成合作，等等，都能在这里找到答案。你看到了、听到了、学到了、体悟到了，就一定能使智慧倍增，交到贵友，找到理想的合伙人，快速提升影响力，最终创造商业传奇，成就精彩人生！

成　杰

2014 年 12 月 19 日于第 186 期"一语定乾坤"研讨会

目录
Contents

第1章

一言之辩 重于九鼎之宝

千万年以来，始终有一种令人着迷的力量，被这个世界上最伟大的思想家、政治家、战略家、企业家所运用，通过运用这种力量，他们改变了时代，影响了无数人的命运。这种力量，是只有少数人才知道的秘密，掌握这种力量，你可以做你想做的事，实现你的梦想，从此改变自己的命运。它就是公众演说的力量。

● 人类的每一次进步，都离不开语言开路

两千多年前，阿基米德说："给我一个支点，我可以把地球撬起来。"阿基米德的"支点论"极受欢迎，不过，他的这种行为后来也被很多人斥责为是在哗众取宠，因为他给出的"支点"子虚乌有，是没法找到的。

今天，我解开了这个千古谜团，"给我一个支点，我可以把地球撬起来"，这个"支点"就是公众演说。

为什么说公众演说是撬动地球的支点呢？纵观古今中外的人类发展史，我们可以发现，人类的每一次进步，靠的都是语言开路。

美国白人歧视黑人的历史，长达两百多年，被视为理所当然，但一个人的出现改变了这种根深蒂固的社会偏见。他通过改变法律，慢慢地，在社会生活的各个领域，黑人与白人开始共同活动，出现了黑人官员、黑人警察、黑人部长甚至黑人总统。

推动这一历史性改变的关键人物就是著名的马

丁·路德·金先生，他推动变革的利器正是一次绝妙的公众演说，那就是《我有一个梦想》。

…………

我梦想有一天，这个国家会站立起来，真正实现其信条的真谛："我们认为真理是不言而喻的，人人生而平等。"

我梦想有一天，在佐治亚的红山上，昔日奴隶的儿子将能够和昔日奴隶主的儿子坐在一起，共叙兄弟情谊。

我梦想有一天，甚至连密西西比州这个正义匿迹、压迫成风，如同沙漠般的地方，也将变成自由和正义的绿洲。

我梦想有一天，我的四个孩子将在一个不是以他们的肤色，而是以他们的品格优劣来评价他们的国度里生活。

…………

在自由到来的那一天，上帝的所有儿女将以新的含义高唱这支歌："我的祖国，美丽的自由之乡，我为您歌唱。您是父辈逝去的地方，您是最初移民的骄傲，让自由之声响彻每个山岗。"

如果美国要成为一个伟大的国家，这个梦想必须实现！

…………

随着这个演说的广为流传，马丁·路德·金的梦想成为美国所有黑人的梦想，他的信仰成为黑人民权运动的旗帜，他的公众演说清除了所有人心中的顽石。公众演说的成功成就了马丁·路德·金在美国社会发展史上的突出地位，这使得他在生前就获得了诺贝尔和平奖。另外，他的生日后来被确立为美国的法定全国假日，马丁·路德·金享受着"国父"的待遇。

可以说，从古希腊开始，伟大人物的公众演说就被作为大事件载入西方历史史册，很多杰出人物的公众演说都成为改变历史的重要拐点。除了马丁·路德·金，我们熟悉的那些西方政治领袖莫不如此，他们在整个民族陷入绝望的时候，凭着舌头力挽狂澜。

20世纪30年代，美国面临前所未有的经济危机，面对举国上下绝望的公民，罗斯福发表了重要的就职演说："让我首先表明我的坚定信念：我们唯一不得不恐惧的就是恐惧本身—— 一种莫名其妙的、丧失理智的、毫无根据的恐惧，它把人转退为进所需要的种种努力化为泡影。"他充满正能量的讲话，给国民注入了强心剂。

二战时期，当德国纳粹耀武扬威的时候，丘吉尔发表了名为《少数人》的著名演说，使军心大振，民心大受鼓舞，铿锵有力的公众演说瞬间改变敌我双方的格局。另外，每当士气下滑的时候，美国传奇"战神"——巴顿将军就会发表动员演说，据说他那充塞着大量粗鲁放肆的俚语和秽词的演说，很能提振士气。这样的例子不胜枚举。

可以说，人类的每一次进步，都离不开语言开路，国外如此，中国也是如此。在电影《建党伟业》中，我们能看到很多公开演说的镜头，当时的中国社会风雨飘摇，同时存在着封建复辟、民主共和、共产主义多种思潮，究竟哪条路才是真正的救亡之路？真理就在一次次的公众演说和针锋相对的激辩中浮现了出来。

张勋复辟 12 天即告失败。

孙中山在广州发起护法运动，他发表了这样的演说：

民国的精神是自由、平等、博爱！然则六年以来，平等被无视，自由被踩躏，博爱精神荡然无存！以先烈无量之鲜血，无量之头颅所换来的"共和"之空名；是可忍，孰不可忍！这一切，国会不答应，法律不答应，四万万民众更不会答应！

当时的孙中山要钱没钱，要枪没枪，他就通过这样一次又一次的演说，让无数有志之士甘心把生命交付与他，跟他一起干革命，肝脑涂地，无怨无悔。

1949 年 9 月 21 日，毛泽东在中国人民政治协商会议第一届全体会议上发表了《中国人民站起来了》的开幕词。

当时中国饱受战争的洗礼，人们深受战争的磨难，生活困苦不堪，最重要的是，在长期受着"三座大山"的压迫，死亡随时发生，朝不保夕、战战兢兢的日子里，大家的精神都有点颓废，这个时候，"中国人民从此站立起来了！"毛泽东的这句话表达了人们历经艰难困苦后获得新生后无比自豪、自信、自强的心情，它让大家都挺直腰杆，抖擞精神，掌握自己的命运，掌握国家的命运，掌握未来的命运。自此，中国进入了一个全新的发展阶段。

中外无数历史事实证明：人类的每一次进步，都离不开英雄豪杰们披荆斩棘，而英雄豪杰们之所以能披荆斩棘，靠的正是语言开路。

乌云密布的时候，一线阳光就足以划破漫天黑幕；一个人绝望的时候，一句深入人心的鼓励的话语可能就会改变他的一生；众生陷入迷茫的时候，先知的一句开悟或者英雄振臂高呼的一句口号，就可以起到拯救苍生的神奇作用。这就是为什么我在演讲中反复强调"一语定乾坤"的原因。

精彩的演说有一股魔力，它可以收钱、收人、收心、收魂、收命。马丁·路德·金、丘吉尔、巴顿将军、孙中山、毛泽东，这些改写人类发展史的人物，都深晓并掌握了这股魔力，**他们通过演说，把话说出去，把众人的心聚拢到一起，大家为了共同的理想努力奋斗，不惜牺牲生命，人类的历史由此改写。**

作为一介平民，大部分人的心态莫过于此：可以崇拜伟人，但是只可远观，绝不效仿。改变历史是伟人的事情，我只要做一个平凡的自己即可，英雄与我何干？

我虽然没有读过很多书，但从小就有一种英雄情结，我知道自己或许做不了力挽狂澜的大英雄，但至少可以像个英雄一样去演说，用舌之剑去影响更多人。马丁·路德·金、丘吉尔、巴顿将军、孙中山、毛泽东……这些大演说家的故事看多了，他们的形象就深深印在了我的脑海里，时不时地浮现出来，久而久之，我的命运就在悄然间发生了改变。

● 我的人生是我说出来的

古语有云："满招损，谦受益。"谦虚是中华民族的传统美德，谦虚能让我们受益匪浅。对此，我却有不一样的观点：谦虚，越谦越虚；吹牛，越吹越牛。

我这样说并不是否定谦虚这种传统美德，而是强调人不能过度谦虚，适当地吹牛能给人一个奋斗的方向，为了最终证明自己不吹牛，必须沿着这个方向而努力，人生的梦想很可能就是这样一个个实现的。

1982 年，我出生在四川省大凉山的一个小山村里，父亲是当地的泥瓦匠，每天起早贪黑，披星戴月，跟我们很少打照面。母亲是个地地道道的农民，每天忙着家务和农活，稍有时间，还要上山去采蘑菇、砍柴，也很少跟我们有什么互动。或许正是因为父母的本分与寡言，让我对那些演说家格外崇拜，走出大山、当众演说的渴望越发强烈。

初三下学期，由于家庭贫穷，我放弃了学业，辍学回家和父亲一起下地干活，经营起家里的一亩三分地。一天早晨，我和父亲去挖地，劳作间隙，父亲喝着茶抽着烟，我则捧起了一本《汪国真诗集》埋首苦读。

父亲说："学都不上了，还看什么书呢？"

我说："我不会当一辈子农民种一辈子地的。"

父亲用诧异的眼神看着我说："难道你还能上天不成？"

我斩钉截铁地说："不信走着瞧！"

那是我人生的第一声呐喊，虽然我还不知道要做什么，但是我清清楚楚地大声喊了出来。这一声呐喊之后，我真的就开始行动了。

2000年，18岁的我身上带着560元人民币离开家乡——四川大凉山，独自一人闯荡江湖。那时的我自卑、内向、迷茫、失落，长达63天找不到工作，后来为了生存下去，我在餐馆当服务员，在大街小巷卖报纸，在马路边摆地摊，在高温酷暑中安装空调，在工厂做搬运工，在车间做流水线工人……

2003年7月17日，或许是上天的安排，我有机会聆听了一次张广如老师两个小时的演说。演说结束的时候，现场爆发出雷鸣般的掌声，我也被他极富魅力的演说深深打动了，他的一字一句、每个手势似乎都能震撼我的心灵。我开始意识到演说的感染力有多么强大，一个声音不断地告诉我：这不正是你要追求的人生吗？于是我对自己说：我要做一个最富影响力的演说家。

2004年1月，父亲从两米高的房子上摔了下来，摔在石级上，摔断了3根肋骨。为了省钱给我结婚，他不愿意去医院，只买了点药，忍着伤痛躺在床上，日渐消瘦。那时我就在想，我一定要成功，无论如何，我也要在培训行业坚持下去，我要站上讲台，要做那个在演讲行业里"剩"者为王的人。

每一个超级演说家都是从免费演说开始的，我也不例外。我先是将自己多年来写的文章整理成册，随后，再联系当地的学校去校园演说。"没有名头，没有经验，也没有关系，我凭什么相信你"，这是当时很多学校领导开口问的第一个问题，说实话，不碰几回钉子真的不知道自己到底还有多少成事的勇气。我前后约了很多次，起初对方都示以回绝的态度，后来，或许是被我的这股坚韧劲儿打动了，我终于敲开了第一所大学的门。

　　我当年的演说是免费的，可我永远认为那是我最富激情的学习阶段，我曾在一天内去不同的企业讲了7场，早上7点就开始演说，一直到凌晨2点。我知道成功最快的方法就是：在最短的时间里采取最大量的行动，很多时候我讲到嗓子哑掉，却还在持续不断地行动。在之后的日子里，毫不夸张地说，一年365天，我基本上都奔走在全国各地的讲台上，但无论多忙，在机场、飞机上或者宾馆里，只要有空，我还是不忘记学习。

　　在讲了640场免费演说之后，我接到人生第一场有报酬的演说，并在不久之后，成立了自己的公司——成杰国际教育训练机构。从此以后，我的生活一下子好了起来，从400元一天开始向800元一天发展，而后是1000元、5000元、1万元、3万元、6万元、10万元、100万元……我一步步站到了最富光环的演说台中央。

　　2011年12月，在巨海3周年庆典上，我的恩师——共和国演说家彭清一教授，以80岁高龄特有的激情和热情发表了感人至深的演说，他说："成杰不愧是当今 80 后青年学习的楷模，从他的身上，我们看到了中国未来发展的希望。在与成杰相识并交往的日子里，我被成杰的大爱所感动，被成杰的好学所感动，被成杰的执着所感动。3 年很短，但巨海成绩斐然，有此结果不是任何公司都可以做到的，然而成杰做到了，做得很好，近乎辉煌。如今，在中国的培训舞台上，涌现了许多成功的演说家，成杰便是其中的佼佼者。他的成功源于他心中装着伟大的梦想，源于他脚下一步一个坚实的脚印！"恩师的话是对我之前努力的最高赞誉。

直到今天，我在全世界 120 多个城市巡回演说 3180 场，听众超过百万人次，成功策划出版 100 多本畅销书。

曾经的我，迷茫、自卑，现在的我，在台上挥洒自如，光芒四射；从步入社会之初 63 天找不到工作到今天创办巨海教育集团；从昔日的报童到今天的世界华人演说家俱乐部主席；从曾经摆地摊卖书被城管追着跑到今天出版超级畅销书的魔法师；从 2008 年 10 月只有 5 个人的创业团队发展到今天 500 多人的巨海精英团队……最终我实现了自己曾经模糊却冥冥中注定的抱负。

成功都是逼出来的！有时候，我们不妨做一回英雄，事儿成不成，先吼一嗓子，越是在人生低谷，我们越是要给自己打气！很多成功的人都是靠吹点牛皮给自己壮胆，奇怪的是，"牛皮"吹着吹着，居然都一个个变成了现实。

在亲戚朋友的眼中，"钢铁大王"卡内基是个"吹牛大王"。

他 15 岁的时候说："我长大后，要组建一个公司，赚很多钱给父母买一辆漂亮的马车。"当时跟他同住在贫民窟的人都觉得他疯了。

20 岁的时候卡内基又说："我要赚到足够的钱给家里人换一所大房子。"当时跟他同在路边卖东西的人也觉得他疯了。

30 岁的时候卡内基又说："我要做救世主，让所有的穷人都能够有面包吃。"当时同在一个办公室的十几个同事看着他也觉得他疯了。

可就是这样一个疯子说出了自己的人生梦想，这些看似遥不可及的目标一直激励着他不断努力，就这样，他最后成了世界首富，成为受人敬仰的大慈善家！

生活中，我总能听到周围的人在抱怨："我长相不好……我没有有钱的爸妈……我没有足够的运气……所以，我才不会成功。"这样的人一辈子都在走下坡路，就像他自己说的一样，他越来越不成功。

相反，我也见过不少人，他们每天都会对自己、对别人说："我要成功，我要光芒万丈，我要像太阳一样，照亮万物。"最后，他真的就成功了，他改变了自己的人生，也改变了周围人的命运，进而改变了更多人的命运。仔细回想一下，你的小学、初中同学当中，是不是一直有那么几个爱吹牛的人呢？他们是不是最终都混得很不错呢？

周恩来上小学时就立志"为中华之崛起而读书"，为了兑现这句诺言，他舍弃了舒适的家境，走上了革命的道路，一路上经历血雨腥风仍矢志不渝，为中华民族的独立、自由贡献一生，他的人生道路早在小学时就十分清晰了。

为什么说出来的话，会影响我们的行动，进而改变我们的人生呢？

心理学中有一种言语暗示的提法。从作用来讲，言语暗示有积极暗示与消极暗示之分，如孩子上床睡觉前，母亲关照他："玩了一天，当心尿床。"最后果然被母亲说中，孩子尿床了。这属于消极暗示。有个人特别怕下水井的盖子，生怕掉下去，后来心理指导者让他在接近井盖时用"男子汉大丈夫，怎能害怕区区一个井盖！"这句话鼓励自己，然后站在井盖上讲 10 遍，跳 10 次，结果这种紧张的情绪消失了。这就是积极暗示。

说出来的话，会把意念、思想这些有能量的信息强烈地传达给我们的大脑，而脑电波是有频率的，它们的振动会吸引跟它频率相同的东西。这在心理学上被称为吸引力法则，大脑就是这个世界上最强的"磁铁"，会发散出比任何东西都要强的吸引力，它会把你大脑中想象的事物吸引过来，你的生活也将变成你心里最经常想象的样子，所谓"心想事成"，原理就在于此。

在这个方面，世界闻名的潜能激发大师——安东尼·罗宾就是一个最好的实践印证者。在罗宾还是一个穷学生的时候，他就曾经在跟自己的室友闲聊时，描绘自己想象中未来妻子的形象。当时，他还随手拿纸画了个大概的轮廓。没想到多年以后，罗宾认识了一个令他心动的女人，后来还共同走进了婚姻的殿堂，巧合的是，他的妻子竟然和他十几年前随手涂鸦的那幅画像有八九分相似。

语言是充满力量的。比如当我们对着水讲"爱、贡献、付出"这些正能量的词语时，在显微镜下观察，水结晶的形状就是绽放的、美丽的，而对着水讲"丑陋、憎恨、讨厌"这些负能量的词语时，在显微镜下观察，水结晶的形状就是狰狞的、丑陋的。

我们的人生就在我们的嘴中，习惯于使用吉祥的语言，人生就会吉祥如意，这是因为你习惯于吉祥的语言，你周围的一切就都是正面的、向上的、向善的，你的人生自然会顺利。相反，如果你满嘴脏话，你的面孔自然会很恐怖，周围的一切对你的回应也就是负面的、向下的、向恶的。

● 学习改变命运，演说创造奇迹

习近平主席在中央党校建校 80 周年庆祝大会上发表过主题为"谈学习"的重要讲话，文中有一句话："到了知识经济时代，一个人必须学习一辈子，才能跟上时代前进的脚步！"

如果有一条亘古不变的成功法则，我认为那就是学习。知识改变命运，学习成就未来，我自小就很叛逆，但却异常信奉这句真理。

是否热爱读书，直接影响一个人的生命质量和人生走向。

我在"世界华人演说家俱乐部"品牌课程"总裁演说智慧"中分享到：一个人的命运取决于他所遇到的人、看过的书、上过的课、交往过的朋友。纵观古今中外，所有的成功者都是学习者，所有的成功者都是阅读者。

回首这几年走过的道路，感慨万千。我能从一名农家子弟，在没有高学历、好的家庭背景的情况下发展到今天，一步步实现人生的理想和价值，其关键在于学习力，我现在的成功是不断努力学习的结果。我认为学习的能力远远大于学历。

教育家说：书是智慧的钥匙；

政治家说：书是时代的生命；

经济家说：书是致富的信息；

文学家说：书是人类的补品；

史学家说：书是进步的阶梯；

奋斗者说：书是人生的向导；

探索者说：书是通向彼岸的船；

迷惘者说：书是心中的启明星；

学生们说：书是不开口的老师；

求知者说：书是饥饿时的"美餐"。

…………

虽然我出生在偏远山区，但自幼就爱读书，我家家徒四壁，但我却拥有成麻袋的藏书。阅读仿佛为我打开了一扇天窗，知识的海洋是那么宽阔无垠，我觉得自己是那么渺小和无知，于是就想尽办法去借书、换书、买书……有很长一段时间，我翻山越岭采蘑菇，每次背一筐蘑菇到市场上去卖，回来的时候，钱没有了，背筐里装的全是书。

青春期，我几乎把所有的时间都用在了读书上。白天，在同学们玩牌、打架、吃零食、说低级笑话的时候，我整天捧着本书"死啃"，颇被他们瞧不起；晚上，我可以躺在一块木板上，在浩浩荡荡的飞蚊中津津有味地读一夜书。

是书，将梦想种进了我的心田；是书，把成功的字眼刻进了我的脑海；是书，唤醒了我心中沉睡的巨人；是书，让我从一个初中就辍学的半文盲蜕变成为一名企业家和演说家。

我常常在演说的时候问台下的年轻人这样一个问题：有两份工作，一份工作虽然拿着很少的薪水，但可以在工作中不断学习、不断成长，不断丰富自己的经验，三五年后就能成长为行业的专家，升职加薪自然不在话下；而另一份工作，薪水稍高，但成长空间有限，三五年后，职位、薪水很可能还在原地踏步，这样两份工作，你选择哪一个？

很多人都认为前一份工作很有前途，但在实际选择的时候，却经不住诱惑，选择了薪水略高的工作。

杰克·韦尔奇说过这样一段话："我们的公司是个了不起的组

第1章
一言之辩
重于九鼎之宝

织，但如果在未来不能适应时代的变化就将走向死亡。如果你想知道什么时候达到最佳模式，回答是永远不会。"现代社会日新月异，不管是对一个企业、一个组织，还是个人来讲，成长比成功更加重要，因为不成长的下场是非常凄惨的。

有这样一个小故事：一只八哥趁主人不注意，从笼子里逃走了，自此获得了世间最为珍贵的自由，可是10多天后，人们竟然在森林里发现了它的尸体。让人更加惊讶的是，它是饿死的。在果实累累的森林里，能够饿死也不是一件容易的事吧！

对此，生物学家判定这一定是一只出逃的家养八哥，"家养的鸟儿从来都无须自己去寻找食物，自有人准时给它送到嘴边，长此以往，它们就在享福中逐渐失去觅食的本领，所以这只八哥从笼子里逃到了森林里，饿死一点儿也不奇怪。"

有一份研究报告指出，现代知识的数量在15年后就会更新一次，因此我们必须时常刷新我们脑袋中原有的知识。经验就像一个温暖的襁褓，它让我们感到安全，也让我们不自觉地被束缚住。如果抱着旧知识不再学习，就会很快落得"家养的鸟儿"的下场，被时代抛弃，被社会抛弃。

熟悉达尔文进化论的人都知道，其精髓在于适者生存，不适者被淘汰。为了更好地生存下去，我们只有一条路：不断地成长，不断地学习。

学习方法有很多种，在这里我可以告诉你，成长最快的法门就是

掌握演说智慧，它可以让你快速成长 100 倍。

说到演说所创造的人生奇迹，我们巨海教育集团成都分公司总经理严华就是一个活生生的案例。10 多年前，严华是个沉默寡言、害羞内向、连走路都不敢抬头的小女孩，整个高中 3 年，她很少和同学交流，只和班主任有过一次对话。老师问："严华，我从来就没有见你抬起过头走路，为什么？"她听后除了选择沉默不知道该怎么回答。

严华出生在安徽农村，考上城里这所重点高中后，她才第一次踏入城市，面对五光十色的城市，她有点儿眩晕。城里的孩子们穿着潮流服装，个个打扮得花枝招展，在校园里随处嬉戏玩闹，而穿着打扮朴素的她，像个丑小鸭一样，加上满口农村方言，怎么好意思抬头走路、与人交谈？就这样，在原本应该绽放的美丽的花季，她把自己封闭了起来，这种封闭带着无限的自卑。

后来，严华考上了大学，大学的生活相比高中时更加精彩，学习任务没那么繁重，学校会定期组织很多有趣的活动来锻炼学生的综合能力。在学习方面，严华并没有放松自己，她学习能力很强，各科成绩都很优秀，连续 4 年都拿到奖学金，这点她很骄傲。然而毕业找工作时，她迎来了当头一棒：耀眼的成绩单，竟拼不过同学们能说会道。此时，严华便下定决心改变自己。她丢下了在实验室学习了 4 年的生物技术专业，投身保险行业。在这里，她每天都只想一件事情：让自己开口和陌生人对话，尝试把自己手里的产品介绍给更多人。

严华每天早上7点出门，晚上10点后回家，独自骑着自行车，两个月里，风里来雨里去，而她不觉得苦。在商场、写字楼、广场……她随时都可以和周围的人拉开话匣子，顺其自然地聊到自己的产品。接触不同的人和事，和这些人坦然沟通，是她十分喜欢的事情。

经过锻炼，严华快速成长起来，当她站在同学、老师面前侃侃而谈的时候，每一个人都为她的变化感到吃惊，而她用自己的努力换来的收入，也令同学们咋舌，一下子就有5个同学加入她的团队，她从正式就业的第一天便开始带团队了。

后来，严华与陌生人打交道多了，对自己的口才越来越自信，深思熟虑后，她离开了保险行业，踏上了演说的舞台！如今，面对大讲堂里上千名听众，她能自信地站在讲台上，讲解企业管理的策略，滔滔不绝，口若悬河。通过当众演说，严华不仅摆脱了自身自卑、内向的性格，还用自己的行动影响、帮助、改变了更多的生命，帮助他们绽放自己的魅力。

那么，为什么演说智慧可以让人快速成长呢？

学习来自于复制和模仿，它有6个关键点：

眼睛看，学一遍。

耳朵听，学两遍。

嘴巴讲，学三遍。

记笔记，学四遍。

动手势，学五遍。

乐分享，学六遍。

这6个关键点覆盖了倾听别人演说的整个过程。眼睛看讲义，学习一遍；耳朵听老师的演说，学习两遍；课堂上与老师互动，讲出来，学习三遍；课堂重点用笔记下来，学习第四遍；学习过程中配合着手势动作，加深理解，学习第五遍；听完演说之后，回去给家人、朋友、同事转述一遍，学习第六遍。重复是学习之母，在不断重复的过程中，学习的效果肯定非常明显。

倾听演说是很好的学习过程，进行公众演说更是很好的学习过程。学习是智慧的升华，分享是生命的伟大。

在我的"一语定乾坤"总裁研讨会现场，每次都可以看到一条醒目的横幅：我热爱演说，我乐于分享，我就是超级演说家。

如果你想给别人一滴水，自己必须得先有一碗水；如果你想给别人一碗水，自己必须要先有一桶水；如果你想给别人一桶水，自己必须要先有一缸水；如果你想给别人一池水，自己必须要先有整个海洋。

在教别人之前，我们首先要有几十倍甚至几百倍的知识储备，在演说前，要不断地学习、复习、准备。因此，演说本身就是成长的过程，演说的时候就是我们成长最快的时候，不断地教别人，自己就会不断地成长。

● 伟大的领导者都是一流的演说家

自从我开办"一语定乾坤"总裁研讨会以来，场场受到企业家们的捧场，有不少董事长带着他们的高管多次来听我演说。这些优秀的企业家之所以会在百忙之中听我演说，跟我学习公众演说的技巧，最大的原因是大家都已经达成了共识：如今，无论商界巨头还是政界领袖，都必须拥有一项卓越不凡的素养——非凡的公众演说魅力。

奥巴马竞选美国总统的过程就是一次超级演说魅力酣畅淋漓释放的过程。听过奥巴马演说的人都知道，奥巴马的演说激情四射、振奋人心，又总是言简意赅、主题突出。他集传道士和推销员于一身，这使得他的每一次竞选集会，男女老少各种肤色的民众争相入场，"人类所要求的不只是自由的生活，还要有一个有尊严、有机会、安全和正义的生活"。他每次说出这句话，台下都会响起雷鸣般的掌声。

在竞选的过程中，作为美国历史上第一位黑人参选总统，奥巴马刻意淡化肤色，他没有强调自己是黑人总统，只是阐述自己恰好是黑色皮肤而已，他将"希望"和"变化"作为自己的竞选口号，直接竞争对手希拉里以"经验"作为竞选口号，两相比较，奥巴马恰恰切中了选民求新、求变的心理，赢得了大量选民的支持。体面优雅、用语谦恭、言辞诚恳、乐观向上，这些构成了奥巴马独特的个人魅力，使他脱颖而出当选总统，刷新了美国政治史的纪录。

政界领袖需要通过公众演说来为自己拉票，那么商界巨头呢？他们更需要演说能力！商场如战场，高手过招，比的是资源整合，拼的是商业模式和领导魅力，而出类拔萃的公众演说和现场行销能力恰恰是企业总裁驰骋商海、制胜千里的撒手锏。

阿里巴巴并购雅虎中国后，雅虎的员工不愿意融入阿里巴巴的文化当中，猎头公司趁机出手，有的员工甚至一天接到好几个猎头的电话。在这种内忧外患的形势下，马云召开了一次和原雅虎中国员工的正式见面会，他在这次会议上发表了后来在网络上广为流传的演说：

世界上很多非常聪明并且受过高等教育的人无法成功，就是因为他们从小就受到了错误的教育，他们养成了勤劳的恶习。很多人都记得爱迪生说的那句话吧，"天才就是99%的汗水加上1%的灵感"，并且被这句话误导了一生。勤勤恳恳地奋斗，最终却碌碌无为。其实爱迪生是因为懒得想他成功的真正原因，所以就编了这句话来误导我们。

很多人可能认为我是在胡说八道，好，让我用100个例子来证实你们的错误吧！事实胜于雄辩。

世界上最富有的人——比尔·盖茨，他是个程序员，懒得读书，他就退学了。他又懒得记那些复杂的DOS命令，于是，他就编了个图形的界面程序，叫什么来着？我忘了，懒得记这些东西。于是，全世界的电脑都长着相同的脸，而他也成了世界首富。

世界上最值钱的品牌——可口可乐。这家公司的老板更懒，尽管中国的茶文化历史悠久，巴西的咖啡香味浓郁，但他实在太懒了，弄点糖精加上凉水，装瓶就卖。于是全世界有人的地方，大家都在喝那种像血一样的液体。

世界上最好的足球运动员——罗纳尔多，他在场上连动都懒得动，就在对方的门前站着。等球砸到他的时候，踢一脚。这就是全世界身价最高的运动员了。有的人说，他带球的速度惊人，那是废话，别人一场跑90分钟，他就跑15秒，当然要快些了。

世界上最厉害的餐饮企业——麦当劳。他的老板也是懒得出奇，懒得学习法国大餐的精美，懒得掌握中餐的复杂技巧，弄两片破面包夹块牛肉就卖，结果全世界都能看到那个M的标志。必胜客的老板，懒得把馅饼的馅装进去，直接撒在发面饼上边就卖，结果大家管那叫PIZZA，比10张馅饼还贵。

…………

马云的这次演说收买人心的效果十分显著，他通过叛逆的"懒文化"告诉原雅虎员工，马云是个有意思的人，马云领导的公司也将是一个自由的、开放的、创造性的公司。在猎头开出的高薪诱惑下，原雅虎中国的700多位员工，最终只有三十几人选择了离开，高层团队全部留下了，离职率仅为4%左右。

可以说，每一位伟大领袖都是一流的演说家，细数国内外政界和商界的领袖人物，他们无不是公众演说能手。

领袖人物善于演说，是因为他们知道演说的"核爆力"，同时他们也都用心讲话。讲话的学问很大，我认为讲话有 3 种类型：

1. 告知型。这种讲话只是单纯地说明问题，说完就结束了，犹如一阵微风吹过，没有留下任何痕迹。

2. 娱乐型。这种讲话有趣有益，就像赵本山的小品一样，让人听完心情愉悦，精神放松。

3. 说服型。这种讲话充满力量，让听者热血沸腾，听完就会马上采取行动，做出改变。

很多企业领导人会感慨，企业平台不错，有战略，有目标，有团队，可为什么偏偏做什么什么不行呢？很多时候问题出在领导人身上，他的战略、目标仅仅说服了自己，却没能说服团队上上下下其他人。

伟大的领袖都是说服型的领导人、教育家、思想家、演说家，他们是真正会讲话的人，他们的话会把所有人讲得热血沸腾，然后主动承担责任，全身心地投入到工作中去。有了这样富有激情的团队，那么，万事可成。

● 掌握演说智慧，胜过百万雄兵

在"一语定乾坤"总裁研讨会的课堂上，我总是告诫我们的企业家朋友，一定要有意识地培养口才，因为揣摩到位、拿捏有度的演说有时候比你亲力亲为、身先士卒或者发火骂人要有用得多。

我喜欢在课堂上引述这样一句古话：**"一言之辩重于九鼎之宝，三寸之舌强于百万之师。"** 这绝不是因为我作为演说家在夸大其词，而是因为自古至今确有例证。

拿破仑一生经历了无数次战役，几乎战无不胜。他的成功背后，除了拥有高超的军事才能和政治手腕外，他的演说能力也发挥了重要的作用。在与敌人恶战之前，他总能化身成捕捉人心的煽动者，通过极富魅力的演说，鼓舞士气，把他们的战斗力提到最高层面，然后无所畏惧地冲向战场。

1796 年 4 月，在征服多林的卡拉斯特以后，拿破仑准备进军意大利，面对强大的意大利军队，法国士兵有点儿信心不足，并且军队长期征战，耗尽了大家的精力，整个军队陷入了疲惫的状态。为了提高士气，拿破仑在蒙特诺特做了激励士气的演说：

士兵们，你们在 15 日之内赢得了 6 次胜利，缴获了 21 面旗子和 55 门大炮，攻下了几座要塞，征服了皮埃蒙特最富饶的地方。你们抓住了 15,000 多名俘虏，你们杀伤了 10,000 多敌人。

....

打仗没有大炮，过河没有桥梁，没有鞋穿，没有酒喝，甚至常常没有粮食吃，可这些打不倒我们。

....

奥地利和皮埃蒙特两国军队遭到你们勇敢的攻击，现在他们在恐惧万状地逃避你们了，以前嘲笑你们的贫困，梦想把你们当敌人打胜仗取乐的那些荒淫无耻的人现在吓得惊慌失措、胆战心惊了。

通过重申之前战争中取得的骄人战果，然后表扬士兵们本身最令人敬服的坚毅精神，最后强调胜利果实的甜美，通过连珠炮式的演说，拿破仑把士气一层接着一层地推向了高峰，使人立刻充满了战斗的自信和激情。

巨海企业家首席讲师秦以金老师在《打造商界特种部队》中讲到："士气比武器重要。"曾经有位智者也说过："没有士气的军队仿如待宰的羊群，士气如虹的军队就像饥饿待食的虎群。"在战争中，士气起着决定性的作用。拿破仑促人高昂奋进、不怕艰难，他的演说赋予士兵们强大的战斗力，他的演说智慧胜过百万雄兵。

在真正的战场上，公众演说能鼓舞士气，其作用胜过百万雄兵；在不见硝烟的谈判桌上，公众演说同样能发挥出巨大的力量。

1955 年，万隆会议召开之际，美国对中国进行围堵，制造紧张局势，企图将新中国扼杀在摇篮之中。在这种背景下，周恩来总理不畏艰险出席万隆会议，在会议中，他凭借着卓越的演说智慧，将会议从一盘散沙的状态拉了回来，成就了万隆会议，同时也打破了中国所处的外交困境。

在召开万隆会议的过程中，各国与会代表就共产主义和反共产主义的不同立场的争论，使得会议现场火药味十足，眼看着会议要不欢而散，这个时候，周恩来上台发言了。

"中国代表团是来求团结而不是来吵架的"，第一句话就掷地有声，先前紧张的会场气氛一下子松弛了下来。随后，周恩来一直围绕着"求同存异"的中心思想慢慢展开，他的发言使会议的方向发生了转折，由已倾斜的方向又回到了原先预定的轨道上。周恩来在万隆会议上的表现有效地赢得了亚非国家的同情与支持，看似坚不可摧的外交壁垒就这样一一被打破了。后来，周恩来所倡导的"和平共处、求同存异"的思想也成了"万隆精神"，为世界所铭记。

伟大的人物无一例外都是运用演说吸引无数人追随并因此而改变世界的人！平时，他们掌握了演说智慧，成功集聚了人心，在非常时刻，他们的语言攻势往往能不战而屈人之兵。演说智慧使得伟人以最低的成本轻松地战胜了对手，从而打了胜仗，或者赢得了财富、取得了成功。

第2章

领导者演说
成功的秘诀

　　领导者都有独特的人格魅力，这种魅力直接体现在他们发表公众演说时的一句话、一举手、一投足中。掌握了演说的诀窍，领导者就可以成为集聚人心的发光体，像照耀万物的太阳一般。那么，演说成功的秘诀是什么呢？

● 说故事：领导者都是"故事大王"

很多身家百亿的企业家跑来跟我诉苦："随着企业规模越来越大，我越来越意识到当众演说的重要性了。只是，当着那么多下属的面演说，太难太难了。"

我告诉他：其实，掌握了诀窍，演说一点都不像自己想象的那么难。演说最重要的不是要有华丽的辞藻，而是要会讲故事。

为什么百年企业难有，而千年寺庙常在？为什么宗教可以千年传承，生生不息？其核心秘密是什么？故事性。

无论是《圣经》，还是佛教经书，从头到尾全是很美、很经典、很启迪人的故事。**故事是有生命力的，大部分人都不太喜欢听道理，不喜欢别人指挥自己怎么做，而更喜欢听故事，通过故事自省。**微妙的是，一个道理你讲百遍，别人不一定记得住，而你不经意间讲的某个小故事，却能让他记住这个大道理，并且他还很喜欢把这个故事讲给别人听，口口相传的作用很大。

故事是个奇妙的东西，它有着与众不同的穿透力。故事能够传递信心和希望，故事能够使聆听者收获经验，故事能够传达那些只可意会不可言传的信息。

领导者都很清楚故事攻破人心的威力，所以他们大都是讲故事的高手。他们善用故事打动人心，用故事影响团队、伙伴，激发他们的热情与梦想，进而带领他们创造属于自己的传奇故事。

谈到讲故事，一般故事有 3 个层级，分为"我"的故事、"我们"的故事、我们未来的故事。

"我"的故事

有这样一个现象：一个组织的领导每天穿西装上班，慢慢地，公司上下都换上了正装；一个组织的领导喜欢打乒乓球，慢慢地，公司上下都玩起了乒乓球……领导没有提出要求，下面的人却不自觉地以领导为标杆要求自己的行为。

领导是企业的灵魂人物，是公司上下的风向标，是所有人学习的榜样。在带领团队的时候，领导要学会讲"我"的故事，艺术性地把自己的故事讲出来，越精彩、越令人难忘、越震撼，就能越有效地影响下属。

新东方的俞敏洪说："我高考连续 3 年失利，第 4 次高考上了北大，却是班上英语成绩最差的学生。同班同学平时看着学习也并不怎么认真，但一到期末考试就能考出好成绩，我每天学习时间都要比他们多两三个小时，但每次期末考试都是全班倒数几名。"

阿里巴巴的马云说："我大愚若智，其实很笨，脑子这么小，只能一个一个想问题，你连提 3 个问题，我就消化不了。我功课本来就不好，数学考过 1 分。只有英语特别好，那是因为小时候，我经常打架，爸爸骂我，我就用英语还口，他听不懂，挺过瘾，就学上了，越学越带劲儿。"

这些企业大佬都喜欢说一些自曝家丑的小故事，看似是自己打自己嘴巴，其实这些小故事里包含着巨大的正能量。

一方面，这些小故事可以拉近领导与下属的距离。随着企业规模越来越大，很多领导事务繁忙，无法经常出现在企业里，很多人甚至见都没见过，还有人见了也没机会说话。这种高考失利、挨爸爸打的事情，或许曾是发生在我们每一个人身上的经历，可以让下属们感觉领导并不是遥不可及的，从而不自觉地与领导亲近起来。

另一方面，俞敏洪、马云说出自己过去不堪的经历，可以鼓励大家，任何人都可以成功，都可以成为俞敏洪第二、马云第二，这样，下属们会更加倾心于向领导学习，跟着领导干。

2011 年 12 月 30 日，在杭州孔雀大酒店巨海公司举办的"新商业领袖智慧"课程现场，做过舞者、开过美容美发店的秦以金第一次听到我坎坷的奋斗故事，他感觉他自己与我走的路虽不同，但却同样辛酸，这经历风雨所凝结出的生活感悟让他产生了感情上的共鸣！同时，对于我"将用毕生的时间和精力捐建 101 所巨海希望小学"，他觉得这正是他自己想做而没有做的事情。

当晚，心情久久不能平静的秦以金无法入眠。深夜 11 点多，我接到了他发来的一条短信："成杰老师，您好！我是秦以金，今天听了您的课程以后，我深深地为您的创业经历和人生故事所打动，被您那无限的舞台魅力和大爱天下的胸怀所震撼。我发誓一定要追随老师，成为一个像您一样的超级演说家！"

2012 年 12 月 8 日，在巨海教育集团"感动感恩"4 周年庆典活动的现场，我们举行了一场庄严而神圣的拜师仪式。巨海凝聚了一群和我有着相似经历、相同兴趣的人，他们都是因为受我的故事的影响而主动选择加入巨海，成为巨海同人，成为我的弟子，成为巨海合伙人。

"我们"的故事

比尔·盖茨说："就算现在我一无所有了，你只要给我原来的团队，我照样能够打造一个微软。"松下幸之助说："松下电器公司是制造人才的地方，兼而制造电器产品。"商界领袖们都有一个习惯，就是强调"我们"的存在。

企业是"我们"的，企业是大家的，企业是所有人的，作为企业家，一定要有这样的概念和境界。企业家要会讲"我们"的故事，在"我们"的故事中讲出企业或组织的使命、愿景、价值观，让大家为之奋斗。

第2章
领导者演说
成功的秘诀

身边的很多企业家朋友经常问我："成杰老师，你们巨海这几年来有这样的成就，最核心的秘诀是什么？"

我一般都会说："找到志同道合的人。"**如果我们找不到志同道合的人，不管怎么努力，结果可能都无法令人满意。**一个领导的目标就是帮助身边的人才达成目标。很多老板说自己的员工没有良心，竞争对手多给一点儿钱就跑了。其实，人才只会忠诚于帮助他们实现梦想和价值的人，作为老板，我们的责任实际上就是让跟随我们的人实现梦想和价值。

我们未来的故事

我们未来的故事就是我们要去哪里的故事。企业家要让追随者清楚地知道要去哪里，未来是个什么样子。

1999 年初，马云放弃了北京的一切，决定回杭州创办一家能为全世界中小企业服务的电子商务网站。回到杭州后，马云和最初的创业团队开始谋划一次轰轰烈烈的创业。大家决定不向亲戚朋友借钱，集资 50 万元，地点就设在马云杭州湖畔花园的 100 多平方米的家里，阿里巴巴就在这里诞生了。

这个创业团队里除了马云之外，还有他的妻子，他当老师时的同事、学生，以及被他吸引来的精英，比如阿里巴巴前 CFO 蔡崇信。他当初抛下一家投资公司的中国区副总裁的头衔和 75 万美元的年薪，来领马云几百元的薪水。

他们都记得，马云当时对他们所有人说："我们要办的是一家电子商务公司，我们的目标有 3 个：第一，我们要建立一家生存102 年的公司；第二，我们要建立一家为中国中小企业服务的电子商务公司；第三，我们要建成世界上最大的电子商务公司，要进入全球网站排行榜前 10 位。"

当时的马云，要钱没钱，要资源没资源，连工作的地儿都安在了家里，可他给了所有人一个清晰的未来。有了这个未来，大家心里就有底儿了，至少领导很详细地构想过大家伙儿要干的事了；有了这个未来，马云及其团队度过了难熬的创业期；有了这个未来，阿里巴巴渡过了好几次生死存亡的危机。之后的故事大家都已经很熟悉了，创办淘宝网，创办支付宝，收购雅虎中国，创办阿里软件，一直到走向上市。马云一步步地把未来变为现实。

每一位成功的企业家都有着非凡的人生经历、深刻的人生体验和被人们广为传颂的传奇故事。**一个优秀的领导者，一定是一个擅长讲故事的人。用动人的故事打动人，远远胜于用大道理教化人、用规章制度约束人。**

● 谈梦想：领导者都是造梦高手

领导者必须是造梦高手！

亚洲前首富孙正义在23岁的时候得了肝病，整整住了两年医院。在这两年中，他阅读了4000多本书，平均一天阅读5本书。

孙正义在读完了4000多本书之后，根据自己的读书心得写了从事40种行业的发展计划。他多年百思不得其解的问题终于有了答案——要成为全球首富，就必须从事最新兴、最具发展潜力的行业。一出院，他就以坚定的信念进军计算机行业，并从这4000多本书中总结出了一套与众不同的创业方案。于是，孙正义创立了他的公司，这时他只有两个员工。

公司开业那天，孙正义站在公司装苹果的水果箱上，跟他的两个员工说："各位，我叫孙正义，在25年之后，我将成为全球首富，我的公司营业额将超过100兆日元！"那两个员工听了之后，立刻辞职不干了，他们都以为老板疯了，但他们不知道孙正义说这句话的背景是两年之内读了4000多本书！后来，孙正义成了亚洲首富，并一步步向全球首富比尔·盖茨发起挑战。

我非常喜欢孙正义先生的一句话："人们最初拥有的只是梦想，以及毫无根据的自信，但是所有的一切都从这里开始！"

卡内基说："企图心是将愿望转化为坚定信念与明确目标的熔炉，它将集中你所有的力量和资源，带领你到达成功的彼岸。"梦想有多大，舞台就有多大，很多时候，一个人梦想的大小决定了他未来成就的大小。梦想是一种意念、一种意志、一种挑战未来的武器，它可以强化信心，可以让一个人对自己未来的目标产生坚定感，可以激发人们内心的无限潜能。

如果说一家企业是一列火车的话，那么领导者就是火车头，火车能够开向哪里，很大程度上取决于火车头。具有远大梦想的领导者最受下属欢迎，这是因为他们未来的发展前途不可限量，他们拥有无穷的感召力和凝聚力，带领团队共同朝着美好的未来迈进。

很多老板感慨员工很懒惰，上班迟到，下班倒积极，工作懒散，任务担不起。这些老板并没意识到一个事实：每天早上叫醒我们的不是闹钟，而是心中的梦想。所以，没有懒惰的员工，只要有梦想，行动上就会充满无限的动力。有梦想、有追求的人，不用激励，不用约束，他自己就会努力工作，并能发挥出最大的潜能。这取决于领导人谈梦想的功力。

任正非退伍转业后，拿着 5 万块钱去深圳创办华为。只有 5 万块钱的启动资金，面临无数强大的对手，任正非跟他的核心高管在一起开会。开完会之后，他意犹未尽，跟高管们说："你们 10 年后干什么，10 年后的梦想是什么？"

所有人讲完之后，任正非说："以后买房子，客厅可以小一点儿，卧室可以小一点儿，阳台一定要大一点儿！"在场的人就纳闷：为什么阳台一定要大一点儿呢？

任正非笑道："因为 10 年后你们都没有事干了，在没有事干的时候，可以把钱拿到阳台上晒一晒！"

所以，今天中国最赚钱的民营公司叫什么名字？华为。据官方

第2章
领导者演说
成功的秘诀

35

数据显示，华为 2012 年的收入超过 2200 亿元，年终奖高达 125 亿元。华为员工的工资在中国民营企业中是最高的，平均年薪 32 万元。

领导什么都可以比员工差，但有两样不可以比员工差，那就是梦想和胸怀。他们的相貌可以比员工丑，学历可以比员工低，身高可以比员工矮，但是梦想和胸怀绝对不能比员工的小。一旦领导者的梦想和胸怀比员工的小，这家企业就全盘皆输了。

领导者都是造梦的高手。一个不会造梦的人，鬼都不会跟着他干。领导者的演说要能够为大家编织一个美丽的梦，通过这个美丽的梦吸引顶尖人才，然后大家一起追梦，并最终一起实现梦想。

● 给希望：领导者都是贩卖希望者

今天的老板不仅需要埋头拉车，更需要抬头讲话。讲战略、讲故事、讲梦想、讲蓝图、讲希望、讲美好的明天。

梦想大家都会有，但很多时候梦想是看不见的。如何让下属看见梦想，让梦想变成清晰的图景，给予下属继续前进的希望，这是领导者必须肩负的重任。

"望梅止渴"的故事，相信大家都很熟悉，曹操的智慧由此可见一斑。有一次，天气非常炎热，他带领几十万大军经过一片原野，士兵们从早上走到下午，没有吃过一点儿东西，喝过一口水。其中一个士兵实在受不了："我们如果再没有水喝，一定会死掉的。"

"对呀！对呀！我也快渴死了！我们不要再走了！"士兵一个接一个地开始埋怨起来。

曹操看到大家因为口渴都不愿意再走，就思考有什么好办法让大家觉得口不渴呢？

忽然，他想到一个办法。他指着很远很远的一片山林，大声对士兵们说："喂！弟兄们，赶快起来！前面是一片梅林，树上结了好多好多酸溜溜的梅子，我们只要走过这片原野，就有梅子可以吃喽！"士兵们一听到前面有酸酸的梅子可以吃，嘴里不由得地生出许多唾液来，感觉不那么渴了。"哇！有梅子吃，那我们赶快走吧！"大家一下子都有了精神，曹操就顺利地带领大军继续向前走。

从此以后，大家就用"望梅止渴"来表示一个人用想象来满足自己的愿望，就像士兵们想到梅子就觉得口不渴了一样。

万法不如一心，有心就有法。一个人很有能力，可没有心，再强的能力也没用。相反，如果有心了，用心了，即使他的能力不行，没有做事的方法，他也会去学习、成长，很快就能实现从不会到会的转变。

在"望梅止渴"的故事中，士兵们有没有能力继续向前走？当然有，可因为他们看不到希望，没有走的心，自然就走不动。曹操很及时地给大家一个希望，大家有心继续前进了，也就不自觉地有

第2章
领导者演说
成功的秘诀

力气、有能量了。

所以，我们说：领导者都是贩卖希望者。

正所谓"得民心者得天下"，领导者演说的目的之一是不依靠物质刺激或强迫而领导和鼓舞全体员工。给予希望是一个很好的途径。

一个人可以三天不吃饭，但不可以一秒钟没有希望。组织中的领导者如果能及时捕捉成员的涣散情绪，及时说出给大家带来希望的话，所产生的力量将是非常巨大的。

1930 年 1 月 5 日，伟大领袖毛泽东针对我党我军中不少人对革命开始产生怀疑和动摇思想，写了一封信，题为《星星之火，可以燎原》，信中批评了这种悲观思想，并给出了希望所在，简短的 8 个大字，充满了无限力量。

在信中，毛泽东根据当时的国际、国内形势，对右倾悲观思想做了深入分析和深刻批评，从中国社会的基本特点出发，阐明了中国革命必须坚持创建农村革命根据地，必须通过红军和农村革命根据地的发展促进全国革命高潮的基本思想，指明了中国革命的前途和方向。

这封信进一步发展了"工农武装割据"的思想，标志着毛泽东"农村包围城市，武装夺取政权"的革命理论的基本形成。

星星之火，可以燎原。它给无数的革命者以精神力量，让前进者看到希望，充满力量。

一个人之所以做事有力量，是因为他有信心；一个人之所以有信心，是因为他看到了美好的希望。希望带来信心，而信心则产生无限力量。领导者要想受欢迎、受尊敬，就要懂得贩卖希望，让大家充满信心地前行。

第3章

一语定乾坤：贩卖希望

美国领导力学家玛丽·帕克·弗莱特认为：成功的领导者能够看到尚未变成现实的图景，能够看到自己当前的图景中孕育着但却未露头的东西……那就是希望。领导者的一大责任就是把他看到的希望传达给所有人，那么，如何用一句话准确地表达出清晰、激动人心并能引起共鸣的希望呢？

● 法门1：如何一句话让希望直指人心？

姜子牙对周文王说了什么，使周朝江山稳固800多年？

当时，殷纣王昏庸无道，滥杀忠臣，蹂躏百姓，周文王忍无可忍，就招兵买马，访请能人，准备揭竿起义。这天晚上，他梦见了一头金光闪闪的飞熊向他扑了过来，第二天，他就派人去寻访飞熊。有个士兵在渭水河边遇到了用直钩钓鱼的姜子牙，恰恰姜子牙的号正是飞熊，于是这个士兵就赶紧向周文王禀报。周文王一听，觉得这肯定是能人异士，就亲自坐辇来到了渭水河边。

周文王见到姜子牙后，问了他一个问题："要想使天下归顺，你有什么治国方略吗？"姜太公回答："天下不是一个人的天下，而是天下人的天下。与天下人共享天下之利的人，就能得到天下；独享天下之利的人，就会失去天下。"

周文王听完这句话，如醍醐灌顶，一把握住姜子牙的手，再也不放了。据说，周文王亲自抬辇把姜子牙接回家，他气喘吁吁、挥汗如雨，抬着姜子牙走了808步，姜子牙就向他许诺："我保大王的子孙坐808年的天下。"后来，周朝的江山果然就稳坐了808年。

姜子牙一句话保周朝江山稳固800多年，这句话就是"天下不是一个人的天下，而是天下人的天下"。在当时的时代背景下，殷纣王残暴成性，欺压百姓，致使民不聊生，众叛亲离，而姜子牙给周文王指出的方向，恰恰是安抚百姓，与百姓共存共荣，他的这一策略直接抓住了矛盾的核心，从攻心入手，得民心者得天下，大业自然成。

凡事进入核心，即进入命脉，核心就是命脉

一切事物的关键在于核心二字。核心就是根本，核心就是心脏，核心就是灵魂所在。

在日常生活中，我们常看到这样的现象：有些人结婚30年，付出了很多努力，但生活一直不幸福；有些老板做企业做了八九年，很累很辛苦，却还是做不大，原因何在？没有进入核心。结婚30年仍旧不幸福的人是因为他们一直停留在婚姻的外围，而劳心劳力的老板也是一直在行业的外围、市场的外围打转，他们都没能进入核心，说得通俗一点儿，就是连门都没入。

一扇大门挡住了去路，人们用木头撞，用锤子凿，用火烧，用

水冲，大门都岿然不动，依旧挺立在前进的道路上。这时，细小的钥匙走了过来，它灵巧的身体轻松插进了大门中间的锁孔里，咔嗒一声，锁被打开了，轻轻一推，大门开了，这就是核心的力量。

进入了核心的演说，就能起到"一语定乾坤"的效果

凡事只要进入核心，一切就会变得顺利起来。同样的道理，演说只要进入了核心，那一句话就能发挥无穷的力量，起到"一语定乾坤"的效果。

2013年3月17日，在十二届全国人大一次会议闭幕会上，中国新任国家主席习近平发表了自己的就任宣言。在将近25分钟的讲话中，他9次提及"中国梦"，44次提到"人民"，整场演说非常成功，现场一次又一次响起热烈的掌声，在短短25分钟内共计有10余次掌声。习近平主席这次演说之所以成功就在于他进入了核心，"中国梦首先是14亿中国人民的共同梦想"的论断打动了在场的人大代表，也打动了全中国14亿中国人的心。

领导者讲话一定要进入核心，抓住命脉，那么，怎样才能抓住核心呢？无数事实告诉我们，核心一定来源于听者的心理需求，只有切实地解决听众的内心困扰，说出他们想到却没有说出的话，才能引起他们内心的共鸣，才能真正地打动他们。

● 法门 2：如何一句话让目标清晰可信？

孙中山对中国说了什么，成就了辛亥革命？

1905 年 7 月，黄兴聚集各地豪杰，在东京著名的中国餐馆为孙中山接风洗尘，席间，孙中山高举酒杯，慷慨激昂，说了这样一句话："今天我们用祖国的名酒共同举杯，誓死推翻清政府的腐朽帝制，为驱除鞑虏、恢复中华、建立民国、平均地权而奋斗不息。"

话一说完，下面掌声不断，大家都觉得满腔的救国热情终于找到了出路。后来，"驱除鞑虏、恢复中华、建立民国、平均地权"变成了同盟会的纲领，孙中山进一步把它提炼为"民族""民权""民生"的三大主义，这也就是大家普遍认知的"三民主义"。

革命纲领的出台让中国革命有了明确的奋斗纲领，各界革命人士有了共同的奋斗目标，这保证了各方革命势力拧成一股绳，为革命的成功奠定了基础。这就是明确的目标的力量。

对于个人来说，明确的目标同样具有致命的力量。一个人之所以勤奋，之所以努力，之所以奋斗，是因为他有什么？因为他有明确的目标。每天早上叫醒我们的不是闹钟，而是心中的梦想！当一个人心中有梦想的时候，他的动力就会无限大。

目标一旦明确，人才就会出现；

目标一旦明确，方法就会出现；

目标一旦明确，贵人就会出现；

目标一旦明确，资源就会出现。

我跟无数的老板在一起沟通交流，很多老板问我："怎样才能更好地激发员工？"我说一切管理都可以称之为目标管理。**没有懒惰的员工，关键是你给他设定的目标够不够吸引他。**

在巨海公司中有一群人让我们非常感动，在上海他们叫"巨海成长突击队"，在成都他们叫"巨海精进突击队"。在巨海的全国所有的分公司中，都有这样一群巨海人，他们每天早上提前 1 个小时上班，比如说，我们上海分公司每天早上 8 点钟上班，他们每天早上 7 点钟就已经来到公司，开始练习演说，他们自动学习，自动成长。他们的信念是：每天早上 7 点到公司，轻轻松松涨工资；他们的口号是：假如我想增加明天的收获，就要增加今天的付出，他们有明确的目标，也就有无限的动力。

有了这样一批自动学习、自动成长的团队，很多难以克服的困难很容易就找到了解决方法；很多无法获取的资源，自然而然地就到了手边。只要目标明确，就会产生强大的力量。

带着明确的目标进行公众演说，能大大增强你的说服力

有这样一个小故事，父亲带着 3 个儿子到草原上猎杀野兔，在开始捕猎之前，父亲向 3 个儿子提出了一个问题：你们看到了什么？

老大回答：我看到了我们手里的猎枪、在草原上奔跑的野兔，

还有一望无际的草原。

老二回答：我看到了爸爸、大哥、弟弟、猎枪、野兔，还有茫茫无际的草原。

老三回答：我只看到了野兔。

父亲说：老大、老二，你们可以回家了，只有老三才是合格的猎手。

这个故事告诉我们一个道理：**漫无目的或目标过多都会阻碍我们前进，只有明确的目标才会为行动指出正确的方向。**

古人云："不谋万世者，不足谋一时；不谋全局者，不足谋一域。"领导者要善于制定目标，并且建立起一个目标体系，即发展过程中的各个远、中、近期目标，大目标之下的各类中小目标。各目标之间还应该有很强的逻辑性和张力。

在许多管理类书籍中，你会看到关于确定有效目标的"SMART"原则，即判断目标是否有效，必须符合以下 5 个条件：

1. specific——具体的；

2. measurable——可以量化的；

3. achievable——能够实现的；

4. result-oriented——注重结果的；

5. time-limited——有时间期限的。

领导者一定要有针对性地提炼出有效的目标。

你的演说越是重点突出、越具体，你就越有可能引起观众的共鸣。当你带着一个强大的目标进行公众演说时，人们会把你当成一位目光远大的领导者，从而大大增强你的说服力。另外，演说的目标明确之后，会使随之而来的所有步骤，包括组织和选择支撑材料变得轻松起来，现场发挥也会很顺畅，你会发现，公众演说变得简单起来了。

● 法门 3：如何一句话让别人觉得跟着你就有希望？

王阳明对其研究了一生的心学做了什么小结，影响了整个东南亚？

王阳明说："心即理也。天下又有心外之事，心外之理乎？"意思是，心即是理，天下还有什么心外的事、心外的理吗？他主张知行合一，不仅知道，还能落实到行动上。世间所有大学问总结为一点就是"调心"，演说也是一样，定心才能定天下。

太阳的能量比一束激光不知大多少倍，却不能穿透一张纸，而激光却可以穿透一块钢板，这是为什么呢？狼在捕食猎物时，一旦锁定目标，就不会改变，哪怕有猎物跑到了自己的面前，狼也绝不会放弃原有的猎物，这是为什么呢？

一切问题的关键就在于一个字——"定"。激光把光线定在了一个点上，使得它的威力比分散状态下大了几百倍、几千倍甚至上万倍；狼把目标定在了体力最弱的猎物身上，它锲而不舍地追逐，在这个过程中，可能会有暂时的落后，但最后一定会逮住猎物。

试想，如果狼在暂时落后的情况下，改而追逐离自己近的猎物，这个猎物的体能正处于旺盛状态，而狼已经开始进入疲态，最后，它很可能两手空空，一无所获。**很多人、很多企业最常犯的错误就是没有把自己的精力集中"定"在一个点上。他们兴趣广泛，爱好众多，朝三暮四，浅尝辄止，不停地挖井，结果一辈子都喝不到水。**

坚定的力量能创造奇迹，一个有强烈决心的人将无所不能

营销大师迈克尔·波特说："有效地贯彻任何一种战略，通常都需要全力以赴，并且要有一个支持这一战略的组织安排。如果企业的基本目标不止一个，则这些方面的资源将被分散。"商场如战场，在激烈的市场竞争中，如果不能定下目标，不能把有限的资源用到刀刃上，那很可能会战败。

1992 年，李彦宏留学读研期间，他的导师的一句话——"搜索引擎技术是互联网一项最基本的功能，应当有未来"触动了李彦宏。这时候，互联网在美国还没开始普及，但李彦宏已经开始行动——从专攻计算机转回来，开始钻研信息检索技术，并从此认准了搜索。

毕业后，李彦宏以工程师的身份就职于硅谷当时最成功的搜索技术公司 Infoseek，不料，这个很牛的公司对搜索引擎技术越来越不看好。当时，另一个很牛的公司雅虎也不看好搜索领域，他们干脆将搜索功能模块外包给了当时刚刚起步的一家小公司——Google（谷歌）。

舆论对搜索领域的看法十分悲观，但李彦宏仍然坚持要做搜索，在他的坚持下，百度成立了，并成为 Google 之外的全球第二大独立搜索引擎公司。

陈安之老师在他所著的《绝不裸奔》一书中说过：

你为什么不成功？因为你没有下定决心！

你为什么还没有成功？因为你还没有下定决心！！

你为什么直到现在还没有成功？因为直到现在你还没有下定决心！！！

一个人要成功，下定决心是非常重要的，一个还没有下定决心的人要想成功是不可能的事情。套用一句尼采的话："一个有强烈决心的人将无所不能。"

2013 年 9 月，我邀请到世界畅销书《心灵鸡汤》的作者、拥有过亿美元资产的马克·汉森来中国演说，他在"亿万富翁制造机"研讨会中说："想要成为有钱人的第一件事，就是你得先花 1 分钟下定决心成为有钱人！"聪明的有钱人和穷人最大的不同是，穷人不愿意花 1 分钟下定决心让自己变有钱，穷人连 1 分钟都不愿意专注在金钱上，反而浪费时间去抱怨或自怨自艾。

领导者要带领大家变成有钱人、走向成功，就必须以身作则，给所有人带去坚定的决心，然后坚持下去，不达目的誓不罢休。

定自己才能定天下

领导者比的就是谁够坚信、谁够坚持、谁够坚定。今天市场形势不好，要不要放弃之前的目标呢？明天有新的机会了，要不要改变"猎物"呢？这个时候，领导者够不够"定"很重要。因为只有领导者够坚定、够坚持、够坚守，那下面的人才能坚定地走下去，相反，如果领导者变来变去、朝令夕改，下面的人会茫茫然从而迷失方向。

成功取决于你是想要，还是一定要。假如你仅仅是想要，可能什么都得不到，假如是一定要，那就一定有方法可以得到。成功取决于我要。我要，我就能；我一定要，我就一定能。

人生是一场持久战，意志坚强的人绝不会因为一次失败而打乱他们一生的计划，他们会屡败屡战，从失败中总结经验，吸取教训，养精蓄锐，从头再来。有决心的人，不会在乎暂时的得失、输赢。

有决心的人很清楚自己要什么，他们不会受到环境的干扰，不会被别人的语言所左右，他们会朝着自己的目标前进。作为企业的掌舵人，必须要有坚定的决心，这样才能带领企业、带领员工驶向成功的彼岸。作为企业灵魂人物的领导者必须要有坚持到底的信念，这样才能使员工团结一心，坚持下去。

人定，就会心定；心定，就会身定；身定，自然神定，然后一切都能确定。人一定，就会释放出神奇的能量，创造出超乎想象的奇迹。当你不定时，一切都是虚幻的，当你定时，则万事可成，定自己才能定天下。

决定是有力量的。

把你的决心用一张纸写出来吧，贴在一个显眼的地方，在接下来的时间里，每天大声地说出你的决心；也可以把它录下来，每天反复听；如果有时间还可以经常写；不断想象自己的目标实现时的情景。

● 法门4：如何一句话让别人相信伟业必成？

耶稣对信徒说了什么，建立了无敌于天下的王国？

耶稣说："在你们中间，谁愿为首，就必作众人的仆人。因为人子来，并不是要受人的服侍，乃是要服侍人，并且要舍命，作多人的赎价。"

耶稣为"领袖"两字做了注释，**领袖所要做的不是让自己有多耀眼、有多崇高，而是要学习如何去成全他人、帮助他人。**

有些领导者对"领导"一词的理解是，在公司占据一个显眼的位置，头上顶着无数光环，坐在老板椅上指导别人、教育别人，但《圣经》告诉我们，真正的权柄来自于神赐，而神偏爱谦卑的人，偏爱愿意牺牲、愿意背起十字架跟从主的人。真正的领导力来自于牺牲自己，真正的影响力来自于帮助别人。

利众者伟业必成

我的老家在四川省大凉山的一个小山村里，一条大河流经村里，上学的时候，我每天都要蹚水过去上下学。下雨的时候，水流很急，每次过河后，都有种劫后余生的感觉，那时候，我的脑中就朦朦胧胧地产生了在贫困的家乡建一所希望小学的梦想。

2008年5月12日，震惊中外的汶川地震发生了，6月12日，我受邀参加了一场主题为"跨越天山的爱：川疆连心大型义讲"的慈善演说大会，遇到了当时78岁的彭清一教授，激活了我深藏已久的大爱之心。从那一刻起，我定下一个人生目标——用毕生的时间和精力捐建101所巨海希望小学。可是当时仅凭我和我助理两人之力，要实现这样的目标几乎是天方夜谭，于是2008年10月，我踏上了创业之路，创建了上海巨海企业管理顾问有限公司。巨海公司从最初的5个人的创业团队发展到今天500多人的精英团队；从上海一家公司发展成为在上海、杭州、温州、成都、绵阳、重庆、南京、南通、苏州、无锡、宁夏、洛阳、柳州等城市都有分公司的集团。

2010年5月，我们前往四川大凉山实地考察，被孩子们朴实的笑容和渴望知识的眼神深深打动，当我看到孩子们在满是泥泞的操场上兴高采烈地玩着一个瘪气的篮球时，我的眼睛湿润了！

我在采访中说："因为我们公司从创立至今就制定了一个目标，

做 101 年的企业，为社会捐赠 101 所希望小学，所以每一年我们都会为社会做一些捐赠和援助。我是四川西昌人，我到西昌为家乡做一点点贡献，希望通过我们的努力和付出，能够真正帮到这些孩子，帮助推动国家教育，这是我们的一个真实的想法。"

2010 年 7 月 14 日，我代表上海巨海企业管理顾问有限公司，携手山西百圆裤业连锁经营股份有限公司共同捐建"西昌巨海百圆希望小学"，当日正式签订捐赠协议，2011 年 6 月 12 日工程竣工并投入使用，一切都在计划中顺利进行。

2011 年 11 月 22 日，我携手巨海创始人之一——闫敏老师来到西昌市开元乡，确定捐建"西昌市巨海成杰希望小学"，并签署相关合约。学校位于西昌市开元乡甘洛村二组，在上海巨海企业管理顾问有限公司的爱心支持下共同兴建而成，校园占地面积约 3300 平方米，建筑面积 1671.9 平方米，2011 年 12 月破土动工，历时 21 个月，于 2013 年 9 月竣工并投入使用。2013 年 11 月 13 日，西昌市巨海成杰希望小学举行剪彩落成仪式，我携巨海企业家学员以及巨海同人前往参加活动并再次捐赠学习物资，一对一资助贫困学生。

2013 年 10 月，经康定县教育局推荐，我们一行来到康定新都桥小学考察，三方最终达成合作意向。2014 年 3 月 31 日，我及企业家代表莫正豪、孙仕等一行从成都出发，经历了 8 个小时的车程，于傍晚时分到达康定县城。4 月 1 日早上 9 点 30 分，我们一行人开车从康定县城出发，雪大路滑，经过一路的艰辛跋涉，历时 3 个小时到达康定县新都桥巨海希望小学。下午 2 点，康定县新都桥巨海希望小学的捐赠仪式准时在学校操场上举行。

我信奉这样的人生哲学，很简单的一句话，这句话到现在至少已经帮助了 10 万余人，那就是——**"利众者伟业必成，一致性内外兼修"**，凡成大业的人都是利众利他之人，同样，凡利众利他的人必成大业。耶稣凭什么建立了无敌于天下的王国？他说要想成为人们的主人，先学会成为人们的仆人。先为众生服务的思想，让耶稣无敌于天下。

孙中山先生有一句影响深远的话，4 个字，这 4 个字现在仍旧在中山陵毅然挺立着，这 4 个字就是"天下为公"。他做的所有事都不是为自己，而是为天下苍生，凭借这四个字，一无所有的他，振臂一挥，应者云集，进而推翻了根深蒂固的清朝政府，建立起了民主共和。

伟大领袖毛主席凭什么领导全国人民建立了新中国，也是一句话，5 个字——"为人民服务"。凭借这句话，新中国在满目疮痍中站立、发展、崛起，直到今天，"为人民服务"5 个字仍旧释放着耀眼的光芒，在各个领域体现着它不可估量的价值。所有成就大业的人都是利众利他之人，所以，我总结出这句话——利众者伟业必成。

领导人发自内心地成就他人，就会把事业做大，你能够成就多少人，你就能做成多大的事业。

　　我们身边这样的例子有很多。当一个老板说要赚更多的钱、买更好的房子、开更好的车子时，这个老板一直想的是自己，他的财富将会很快散去。相反，当这个老板说我要让更多的人和我一样脱贫致富奔小康，和我一样有房有车时，那这个老板的财富会越积越多，他的企业会越做越大。

　　2008 年，金融危机爆发，市场形势十分恶劣，在这种情形下，马云明确指出，在经济冬天里阿里巴巴更重要的任务是——帮助中小企业过冬，帮助他们生存下去。马云看得很透彻："如果我们的客户都倒下了，我们同样见不到下一个春天的太阳！帮助这些企业渡过难关是阿里巴巴的使命。"

　　从 2008 年 10 月 14 日起，阿里巴巴集团宣布启动为帮助中小企业"过冬"的特别行动计划。在该计划中，阿里巴巴将集结阿里巴巴 B2B、淘宝、支付宝、雅虎口碑、阿里软件等所有资源，全力以赴帮助中小企业渡过生存难关。在马云的推动下，许多中小企业获得了更多来自俄罗斯、巴西、印度等国家新兴市场的采购订单；另一方面，很多中小企业还顺利实现了融资，得到了救命钱。

　　马云帮助中小企业从金融危机中走了出来，在这个过程中，越来越多的中小企业开始汇聚在阿里巴巴周围，阿里巴巴成为行业第一，淘宝成为行业第一，成人者天成之，马云成全了别人，最终成就了自己。

焦点利众，众人成全；焦点利己，众人摧毁。

生命就是一个能量体。有些人你一见面就会被他说服，一见面你就会喜欢他，一见面你就准备和他合作，而有些人不管怎么跟你谈，你都不愿意和他合作，这两种人的区别是他们的能量场不同。**你的生命的焦点是利众，你的生命的能量就会变得十分强大，就会变得十分震撼，就会成为别人喜欢的和合作的人；相反，如果你生命的焦点是自私自利的，你生命的能量场就会变得很弱，大家都会纷纷逃避你、远离你。**

焦点利众的时候，你就会得到更多的人来支持你、成全你，这一点，我深有体会。当我说要用毕生的时间和精力来捐建 101 所巨海希望小学时，不知不觉我身边出现很多贵人，有时出现超级亿万富翁，有时出现上市公司老总，他们愿意跟我成为朋友，但超级亿万富翁、上市公司的老总愿意跟我成为朋友，他们看中的不是我的成就，看中的不是我有多少财富，看中的是我有一颗利众利他的心。他们知道我要用毕生的时间和精力来捐建 101 所希望小学，很受感动，会主动打电话给我，做出力所能及的帮助，所以，焦点利众就会得到众人成全。

慈悲为本，利他为先。领导者要给所有人带去希望，不能仅仅喊口号，首先要在思想上有这样的认识——我发自内心地帮助所有人，我说出的希望是所有人的希望，是为所有人谋取福利。利众者伟业必成，**唯有真正为别人着想，才能抓住核心，才能明确目标，才**

第3章

一语定乾坤：
贩卖希望

57

能定下方向，你说出的话才能让人信服，让人喜欢听，听了之后能接受，接受之后能付诸行动。思路决定出路，思想境界达到了，那领导者自然会成为一个光芒万丈的能量体。

第 4 章

一语定乾坤：凝聚人才

企业利润率最高的产品就是人。21 世纪最宝贵的就是人才，得人才者得天下，领导者的一个主要任务就是把所有员工都吸引到自己周围，借此攻克目标，实现梦想，完成使命。但是，千人千面，人是最复杂的动物，面对着下属们成千上万种不同的心思，领导者应该如何一句话赢得他们的心呢？这里有几个关键点，做到了，领导者就不愁"万众一心"。

● 法门 5：如何一句话培育人才？

茅理翔说了什么，使方太完成了从家族式企业到现代企业的转变，成功集聚了很多人才？

在中国商业史上，茅理翔在企业传承上被很多人奉为标杆，他将中国的传统技艺教授方式——传帮带应用到企业管理中，带 3 年、帮 3 年、看 3 年，用了 9 年时间，把公司全盘交给了继承人，顺利完成了企业的传承。

他还把传帮带理念贯穿到人才培养中。每年，方太会引入一批应届毕业生，所有应届毕业生会按方太的"阳光计划"参加培训，通过 6 个月的集中培训、军训、车间实习、销售实习，应届生完成了从学生到企业员工的心态和角色转换，更快、更好地适应工作的需要。

而对于在方太工作了两三年的员工，有意向从事管理的人都可以加入方太的"飞翔计划"，接受为期 1 年的管理知识和经验的培训，培训的讲师全都是公司的高层。所以，方太从不缺少人才，每一年它都在源源不断地制造人才，也正因为如此，方太的员工是猎头们最青睐的，进入方太的员工都不想离开方太，很多人才在很多就业机会面前会优先选择方太。

致天下之治者在人才，成天下之才者在教化

美国麦肯锡公司曾把现代世界各国对各类专门人才的争夺称为"人才大战"，高层次人才成为最稀缺的资源，"千军易得，一将难求"，全球范围内的人才争夺战已全面展开，而培育人才、留住人才是在"人才大战"中占据优势的绝佳途径。

对于每个人来说，成长永远比成功重要。假如你今天中了500万，是靠运气，是偶然事件，买房买车后，这500万就没有了。如果你通过努力，有了赚到500万的能力，这500万不小心丢了，或被小偷偷走了，没关系，你拥有的是创造500万的能力，很快你就能再有500万。一个领导如果能教给人创造500万的能力，那么所有人肯定会聚拢过来，并且紧紧追随。

所以，授人以鱼不如授人以渔，21世纪的老板要成为老师。什么意思？过去的老板送给别人鱼吃，21世纪的老板是教给别人钓鱼的本领，这样别人会一辈子感谢你教给他们钓鱼的本领。一个人改变自己叫自救，影响众生叫救人；一个人吃饱喝足叫自救，能让更多的人过上幸福富裕的生活就是在救人；一个人能够成长叫自救，

第4章
一语定乾坤：
凝聚人才

61

能够带动更多的人成长就是在救人。你拯救了众生，你就是众生的师父，众生就会向你靠拢。

一家企业所有的问题都是人的问题。 产品做不好，谁的问题？销售做不好，谁的问题？生产质量有问题，谁的问题？管理有问题，服务有问题，都是谁的问题？人的问题！简单来讲，一家企业所有的问题都是人的问题，所有人的问题都是教育出了问题。老板是忙于人还是忙于事？老板是把时间放在人上还是事上？老板要学会教育自己的员工，一个不会教育下属的领导，充其量就是一个监工。

领导者分为两种类型，第一种叫执行型，他的行动力很强，把事情交给他，他会不折不扣地完成。可是，你会发现，执行型的人虽然很能干，5 年、8 年、10 年之后，这种人还是光杆司令，还是孤家寡人。这样的领导者忠诚度很高，执行力很强，但是他不会交流，不会带人，不会复制人。

第二种叫作复制型，这种人在做事情的同时还在培养人。事情做完了，人才也培养出来了，3 年 5 年以后，他会把自己这一棵树变成一片森林。企业喜欢一个人才，还是喜欢一大片人才？当然是后者，所以，在企业中，复制型领导更加受欢迎。

卓越的领导者不仅限于培养人才，更需要建立一套出人才的机制。

培养人才很重要，但仅仅培养人才是不够的，领导者还需要建立一套人才培养机制，让所有进入企业的人，3 个月后会自动成长为人才。

在巨海，就有这样的人才系统，这样的人才机制。巨海总经理商学院，又叫企业家讲师团。我过去打造18战将，现在正在打造巨海108将，不管是过去的巨海18战将，还是现在的巨海108将，这一切不仅仅是忙着培养人才，也是在建立一套出人才的机制。为什么？因为一个人的能力是有限的，而系统的力量是无限的。一个人可以把一棵树变成一片森林，而一个自动运转的系统可以把一滴水变成一片汪洋大海。

管理大师彼得·德鲁克曾说，员工的培训与教育是使员工不断成长的动力与源泉。在知识经济时代，知识飞速发展，据不完全统计，现今我们所学知识的更新速度仅为9个月，在知识爆炸的现实面前，领导者制定完善的教育与培训系统，将它们贯穿于员工的整个职业生涯，使员工能够在工作中不断更新知识结构，随时学习最先进的知识与技术，保持与企业同步发展，从而成为企业最稳定可靠的人才资源。

在实际工作中，领导者有没有办法用一句话把企业人才培育好，给人才提供成长平台，并将他的理念传达给每一位员工呢？有，这句话就是：人人都是人才，人人都是接班人。

人人都是人才

朱元璋打天下的时候，从浙东得到"四贤"，他根据他们各自

第4章
一语定乾坤：
凝聚人才

专攻的术业，委以不同重任。刘基善谋，让他留在身边，参与军国大事；宋濂长于写文章，便叫他搞文化；叶琛和章溢有政治才干，派他俩去治民抚镇。

"垃圾是放错位置的人才"，虽说千人千面，但企业只要抓住每个人的特点进行适当的培训和安排，每个人都能成为某一领域的人才。"人人都是人才"这句话能消除员工的疑虑，让他们"一条道走到黑"，投入到学习、成长中。

人人都是接班人

通用电气前 CEO 杰克·韦尔奇说："我的成就将取决于我的继任者在未来 20 年里将公司发展得如何。把我这样的老家伙剔除出去，他们才能做好自己的事。"他上任的第一件事就是培养自己的接班人。

企业给员工提供了成长机会，更提供了成长平台，"人人都是接班人"这句话可以激发员工的自我实现需求，让他们雄心勃勃地对待每一次学习机会，对待每一天的工作。

● 法门 6：如何一句话以利留人？

毛泽东对农民说了什么，建立了新中国，创建了伟大的中华人民共和国？

1927 年 8 月 1 日，中国共产党领导了南昌起义，打响了武装反抗国民党反动派的第一枪。共产党走的是"农村包围城市，武装夺取政权"的道路，在这个过程中，共产党提出了"打土豪，分田地，翻身农民闹革命"的口号，土地革命成为共产党夺取政权的一个有力武器。

陈士榘在《打土豪分田地》的回忆文章中介绍道：毛泽东说"我们插牌子，本身也是很好的宣传。例如国民党的士兵到了根据地来，他们一看到田里到处插上了牌子，看到我们这里打了土豪分了田，也会说红军好。有些国民党士兵因受打土豪分田地的影响，开小差跑回家去。插牌分田后，农民有了田地就会跟着共产党"。

"打土豪，分田地"赢得了中国 3 亿农民的支持，祖国大地上到处红旗飘飘，一片"分田分地真忙"的景象，在这种形势下，共产党夺取胜利，就显而易见了。

领导者都有这样的共识："财散人聚，人聚财散。"如果你将财富一味地攥在自己的手里，那么将没有人跟随你，人们就会像水一样离开；而如果你将财富分散给其他人，那这些人就会聚集在你的身边。

一家企业所有问题的根本就是舍得的问题

我有这样一个观点，一家企业所有的问题都是人的问题，我们常说人对了，事就对了，就是这个意思。企业发展不大是人的问题，企业发展不顺还是人的问题，很多时候，找到对的人，一切问题都解决了。而所有人的问题都是教育的问题，一个员工进入公司半年内犯错，原因在员工身上，如果一个员工进入公司三五年还在犯错，那就是公司教育的问题了。

所有教育的问题都是爱的问题，可能是对员工的关注不够，可能是对员工的培养不够，等等。所有爱的问题都是舍不得的问题，很多父母就是砸锅卖铁、省吃俭用也要供孩子读书，为什么？因为他们爱自己的孩子，所以舍得付出，舍得花钱。真正的爱就是舍得，只要舍得了，一切都会改变。

爱没有增加，一切都是枉然；爱一旦增加，一切即将改变。

美国石油大亨保罗·格蒂，年轻时家境不好，守着一大片收成很差的旱田，不过，在挖水井时，有时能挖出浓黑的液体，后来他才知道是石油。于是水井变油井，旱田变油田，他雇工开采起石油来。保罗·格蒂没事便到各处油井巡视，每次都能看到不少问题，浪费的现象随处可见，工人的积极性很差……他找工头谈话，向工人施压，加强监督和规范……各种招数都用了，可一切仍旧如故。

保罗·格蒂百思不得其解：存在的问题这么明显，我根据问题制定了策略，为什么就是没有效果呢？后来，保罗·格蒂遇到一位大师，大师说了一句话，彻底解决了保罗·格蒂的烦恼。大师说："那是你自己的油田，不是大家的油田。"

听了这句话，保罗·格蒂立刻醒悟了，他叫来工头，向他们宣布："今天以后，油井交给各位负责经营，收益的 25% 由各位分配。"之后，所有问题都消失不见了，浪费的问题没有了，工人的积极性大大提高了。再后来，保罗·格蒂的油井在一波又一波的兼并浪潮中没有被收购，反而购并了其他一些经营不善的油井，形成了自己的石油帝国。

保罗·格蒂成功的秘诀是什么？他把"我的油田"变成了"大家的油田"，他舍得了 25% 的收益，收获了所有员工的心，这就是舍得的魅力。保罗·格蒂的案例也告诉我们，为了让对方为你努力，更为自己努力，你必须付出一定的代价。为什么很多老板自以为是地叫着"你在为自己工作"，而员工根本听不进去？因为他们并没有得到实惠，这就需要老板们做出表示，让员工们真正感觉到"我在为自己工作"。

把优秀的人才变成合伙人

没有哪个人是傻子！早在 200 多年前，亚当·斯密在其大名鼎鼎的《国富论》中写道："每个人都在力图应用他的资本，来使其产品能得到最大的价值。一般来说，他并不企图增进公共福利，也不知道他所增进的公共福利为多少。**他所追求的仅仅是他个人的安乐，仅仅是他个人的利益。在这样做时，有一只看不见的手引导他去促进**

一种目标，而这种目标绝不是他所追求的东西。由于追逐自己的利益，他经常促进了社会利益，其效果要比他真正想促进社会利益时所得到的效果大。"

每个人在内心深处都希望自己能够成为命运的主人。毕竟，人为自己而努力，肯定要比为他人卖命更加心甘情愿。对于企业老板来说，员工在追求自己利益的前提下，才会顺带增进你的利益。如果你明明是在让对方实现你的目标，却要让他产生是在为自己奋斗的心理，那你就必须让他看到"双赢"的切实利益。

所有人来企业都有一个共同的追求，就是我们一起来分钱，我们口头上说着大家一起来干活，最终还是我们一起来分钱，干活只是个过程，结果还是要分钱。巨海公司凭什么能快速成长，我对我下面的所有人就说了 3 个字："合伙人。"你来巨海公司不是打工，你来巨海公司是跟我合作，跟巨海合作。你投入时间与精力，巨海投入品牌、办公环境，提供发展平台，所以我们在一起是合作，所有来巨海的人都是我们的合伙人。

所以，领导者不要苍白而无力地跟下属强调"你是在为自己工作"了，这话没人信，你只需要对他们说 3 个字，他们就会忠诚地聚集到你的身边，全身心地投入到你的事业中，那就是"合伙人"。领导者要记住这句话：把优秀的人才变成股东，把卓越的人才变成大股东，那么万事可成。

● 法门 7 : 如何一句话使用人才?

刘邦说了什么,得以成就大汉江山?

一个是"力拔山兮气盖世"的英雄好汉,一个是"不事生产"、整天跟狐朋狗友喝酒玩乐的混混儿,刘邦凭借什么打败了项羽,成就了大汉江山呢?

答案就是善于用人。刘邦曾这样说:"夫运筹策帷帐之中,决胜于千里之外,吾不如子房。镇国家,抚百姓,给馈饷,不绝粮道,吾不如萧何。连百万之军,战必胜,攻必取,吾不如韩信。此三者,皆人杰也,吾能用之,此吾所以取天下也。项羽有一范增而不能用,此其所以为我擒也。"

意思就是:我的能力不如张良、萧何、韩信,但我能善用他们,这就是我能够取得天下的原因所在;而项羽有一位厉害的范增却不用,这就是他被我擒获的原因。

那么,刘邦是如何让人才聚集到自己身边来,帮助自己打天下的呢?

刘邦说了3个字,这3个字让他成功地聚集贤才,成就了大汉伟业,这3个字就是"我不行"。在《史记·淮阴侯列传》中有这样的描写,韩信问刘邦:"大王自料勇悍仁强孰与项王?"汉王默然良久,曰:"不如也。"韩信问刘邦:"大王,你自己觉得在勇敢、强悍、仁厚、兵力方面，与项王相比，谁强？"刘邦老实地承认："我不如项羽。"

在《史记·陈丞相世家》中，也有类似的场景。陈平曰："陛下精兵孰与楚？"上曰："不能过。"平曰："陛下将用兵有能过韩信者乎？"上曰："莫及也。"刘邦很坦白地说：我的精兵比不过项羽，我用兵的才能比不过韩信。"不如也""不能过""莫及也"，意思都是"我不行"，这就是刘邦的大智慧所在，他肯承认自己的不足。

承认自己的不足，看似很简单，却蕴含着很大的智慧。下属跟着这样的领导，会很乐于提出意见；当他的意见被采纳的时候，他会很有成就感，会带着脑袋工作，把工作当成事业；当有所成就的时候，他会很有自豪感。刘邦的"我不行"带给了手下无限的成就感、自豪感，这使得很多人才肝脑涂地，为他卖命，并且对他保持着绝对的忠诚，不轻易被权和利诱惑。

在楚汉相争的危急时刻，项羽去挖墙脚，让韩信反汉投楚，并开出条件，我给你三分之一的天下。结果，韩信一口拒绝了，他说："我跟着项王时，我的话没人听，我的计谋没人用。跟了汉王后，他对我言听计从，让我有机会率领千军万马，所以我才有今天的成就。汉王如此亲近、信任我，我死也不会背叛他的。"这就是刘邦"我不行"的魅力，他让手下深切地感受到了被需要、被重视，这是用多少金钱和权力都换不来的。

领导力就是用人的能力。

卓越的领导者不仅限于自己优秀，还会培养更多优秀的人才，用好比自己厉害的人物。

美国奥美公司的总裁大卫·奥格威有个习惯：每次一有新的经理上任，他都要送他们一件礼品——俄罗斯套娃。这件礼品意味深长。大娃娃里有个中娃娃，中娃娃里有个小娃娃，小娃娃里有一张字条："如果我们每个人都雇用比自己小的人，我们公司就会变成一个矮人国，侏儒成群。但是，如果我们每个人都雇用比我们自己高大的人，我们公司就能成为巨人公司。"

美国"钢铁大王"安德鲁·卡内基说过这样的话："你可以把我的工厂、设备、资金全部夺去，只要保留我的组织和人员，几年后我仍将是'钢铁大王'。"卡内基死后，他的墓碑上刻着这样一段文字："这里安葬着一个人，他最擅长把那些强过自己的人，组织到为他服务的管理机构之中。"卡内基成功的原因在于善用比自己强的人。在知识经济时代，领导者的工作就是用人，并且要敢于和善于用比自己强的人。

马云就是这样一个伟大的领导者，他不懂电脑，只会收发电子邮件和浏览网页，可偏偏是他创办了阿里巴巴，书写了互联网的神话，成了人人敬仰的 IT 英雄、网络精英。他是怎么做到的呢？那就是用比自己强的人。

第4章

一语定乾坤：
凝聚人才

懂得给人身份感的人，都是懂得用人的人

同刘邦类似，日本松下电器创始人松下幸之助经常对员工说的一句话是："**我做不到，但我知道你们能做到。**"《西游记》中，唐僧最常说的一句话是"悟空，救我"或者"八戒，救我"。在外人来看，他们都太弱了；在下属来看，他们都是可以为之奉献生命的伟大领导者。

每个人身上都有一张证，就是身份证。**所有顶尖人士都有一个共同的追求，那就是身份感，身份感就是荣誉感、归属感、安全感，**而伟大的领导者都是懂得给这些顶尖人士身份感的人。在公众演说中，我尊称我弟子班的成员为"老师"。为什么？因为我认为他们每个人都值得尊重，他们每个人都应当拥有他们的身份感。

威廉·詹姆斯说过："**人类本质中最殷切的需求是渴望被肯定。**"心理学家马斯洛的需求层次理论指出：人的需求遵循生理需求、安全需求、人际交往的需求、被尊重的需求和自我实现需求的递增规律，只有低层次的需求得到满足之后，人们才可以更加安心地工作，更愿意全身心付出，达到自我管理和自我实现。

一个绝对可以赢得他人欢心的方法是，以不留痕迹的方式让其知道"你是重要人物"。渴望被尊重是每个正常人的心态，我们通过恰当的语言激发对方心中的尊严感，这样做比任何批评和说教都管用。

有句话说得好："人活一口气，佛争一炷香。"对于任何人来说，

最重要的就是自己的人格和尊严。有时候，当你满足了对方的这一心理需求时，剩下的一切就都很好办了。

在巨海总经理商学院的培训中，我每次都会给我们巨海的管理干部讲两句话：领导者就是让别人感觉很重要的人，领导者就是说话、做事、做人让别人舒服的人。

● 法门 8：如何一句话以情动人？

刘备说了什么，赢得了众兄弟的誓死追随？

《三国演义》中，张飞因为喝醉酒鞭挞了曹豹，于是曹豹联合吕布，二人里应外合，夜袭徐州，致使刘备的妻小都做了俘虏。张飞见到刘、关时，关公当即埋怨："你当初要守城时说啥了？兄长又是怎么吩咐你的？今日城池失了，嫂嫂又被当作人质，你说咋办?！"张飞被逼问得无地自容，一冲动，便要拔剑自刎。

刘备赶紧拦住他，夺剑掷地，并道出了一句流传千古的话："兄弟如手足，妻子如衣服。衣服破，尚可缝；手足断，安可续?"在男权为主导的古代，这句话太有威力了，太抓人心了。

接下去，刘备又细数三兄弟之间的情谊："吾三人桃园结义，不求同生，但愿同死。今虽失了城池家小，安忍教兄弟中道而亡？况城池本非吾有；家眷虽被陷，吕布必不谋害，尚可设计救之。

贤弟一时之误，何至遽欲捐生耶！"说罢自己"大哭"，关、张跟着"感泣"。

后人不得不承认，刘备确实是一个高明的政治家、演说家、读心人。

刘备的身世大家都知道，一个空有头衔的皇叔。他没有任何资本，在新野起家的时候，兵不过数千，将不过关、张加赵云。诸葛亮虽然计谋很多，奈何不了曹兵百万。诸葛亮在刘备"三顾茅庐"时，就给他分析过，曹操占"天时"，孙权占"地利"，刘备只能占"人和"。所以，刘备就做足了收买人心的工作。

无论演，还是说，他都不放过任何"以情动人"的机会。长坂坡摔孩子，动不动上演一番哭戏；三顾茅庐得了诸葛亮，食则同席，寝则同榻，自称如鱼得水；白帝城托孤，一席话讲得诸葛亮痛哭流涕……

刘备真真假假的行为验证了一个铁律：打江山靠的是兄弟，是人才，而笼络人心、团结下属的最有效手段就是以情动人。

领导者都是以情动人的高手，因为动情才能动人。

在这个世界上，人与人之间最紧密、最持久的联结方式就是情感。

对于领导者而言，权力固然重要，但是，非权力影响力也很重要，而情感因素是非权力影响力的重要维度。美国得克萨斯大学的行为科学家罗伯特·布莱克（Robert R. Blake）和简·莫顿（Jane S. Mouton）设计了一套管理方格体系，他们以对业务的关心程度为横轴，以对下属的关心程度为纵轴，这两个维度都会对被领导对象的行为产生影响，而对下属的关心程度直接体现了非权力影响力中的情感因素。

情感体现了人与人之间的关系状况。领导与下属之间也是一种人际关系，也存在情感联系，也会有亲疏好恶之分。如果两者之间建立起亲密的关系，下属就会对领导产生亲切感。亲切感能更好地使下属接受高层的影响，从而使整个团队形成强大的向心力和凝聚力。

其实，不仅古代的政治领袖是以情动人的高手，现代政界和商界的领袖同样也是以情动人的高手。可以说，以情动人已经成为现代领导者们调动下属工作积极性的一个重要手段。

人区别于动物的根本之处，除了语言，还有人类特有的丰富情感，**而情感的魔力在于，它可以左右一个人的思维，影响其做事的态度和效率。**一个人如果生活在充满关爱的、和谐的集体环境里，相互之间尊重、理解和容忍，就能够产生愉悦、兴奋和上进的心情，工作热情和效率就会大大提高。

相反，一个人如果生活在冷漠、争斗和尔虞我诈的工作环境中，情绪就会低落，工作热情和效率就会大打折扣。这就是领导者不得不重视情感因素的根源所在。可以说，过去那种领导者高高在上的不容置疑的"天赋"权威已经不好使了，如今的领导者再不能靠强权去控制人了，更多的是要用情感去感化下属。

好的演说既需要理性，也需要感性

企业规模尚小的时候，领导者可以直接通过自己的行为细节以情动人，来展示自己亲民的一面。但是，等到企业规模变大的时候，高层与基层的互动就会不由自主地减少，这时候，就要靠以情动人的演说来体现自己的柔情与亲民了。

很多长期被迫做演说的领导者都知道，**讲大道理，台下无动于衷；讲大战略，台下不会竖起耳朵；打鸡血，台下根本不买账。反倒是不经意间提到的自己的糗事、坎坷的个人经历、人际关系的小故事等细节性东西，会让台下的人伸长脖子**。这就是"以情动人"在演说中的非凡效应。比如，在演说中，马云会自嘲上学时成绩差，高考考了3次才考上，还会理直气壮地说"一个男人的长相和智慧往往是成反比的"，这些自嘲的小段子让他立刻变得亲切起来。

我们都知道，一场好的演说既需要理性，也需要感性，即以情动人、以理服人。这一点，国家领袖们都深有体会，并运用得得心应手。

习近平主席在访问德国的时候，针对"中国威胁论"做回应演讲，他一开始并没有大谈中华民族如何爱好和平，中德关系如何友好，而是先讲了两个德国友人的故事。

一位叫拉贝。当年日本侵略者侵入中国南京，屠杀30多万中国军民。在这危急关头，拉贝联络其他十几位在华外国人士，设立了"南京安全区"，为 20 多万中国人提供了栖身之所。拉贝在日记中详细记录了大屠杀内情，成为研究这段历史的重要证据。习近平说，中国人民纪念拉贝，是因为他对生命有大爱，对和平有追求。

另一位是德国葡萄专家诺博，他和助手汉斯 17 次来到中国山东枣庄，向当地农民传授葡萄栽培、嫁接改良技术，将传承几百年的家族商标无偿授予当地酒厂使用。诺博和汉斯还资助了 8 名当地家庭经济困难的学生上学。2008 年 8 月 1 日，当诺博把因癌症不幸去世的汉斯的最后捐款交到孩子手中时，在场的所有人都感动得潸然泪下。习近平讲述这两个故事时，全场鸦雀无声，听众为之动容，"中国威胁论"不攻自破。

而另一位国家领导人温家宝在出访非洲七国时，开场最喜欢讲的一句话就是"相知无远近，万里尚为邻"。他握着他国领导人的手，深情地说："我不是来访问的，而是来走亲戚、看朋友的。"就这一句话，瞬间拉近了彼此的心理距离，让客套化的政治交流充满了人性化色彩。

作为回应，南非前总统姆贝基在记者会上深情地说："我们把中国朋友看作自己人，我们接待温总理来访就是接待自己人回家。温总理和中国的同事们，你们到家了！"而听了此言，我们可爱的温总理索性把稿子放在一边，幽默地说："我认为既然是到家了，跟家里人讲话还能用稿子吗？"

美国南北战争时期，林肯为纪念在葛底斯堡战役中阵亡的战士做了一篇演讲，这是林肯最出名的演讲，用时不到两分钟，而掌声却经久不息。林肯的这篇演说词在今天被译成中文，也不过500余字：

87年前，我们的先辈在这个大陆上创立了一个新国家，它孕育于自由之中，奉行一切人生来平等的原则。

现在我们正从事一场伟大的内战，以考验这个国家，或者任何一个孕育于自由和奉行上述原则的国家是否能够长久存在下去。我们在这场战争中的一个伟大战场上集会。烈士们为使这个国家能够生存下去而献出了自己的生命，我们来到这里，是要把这个战场的一部分奉献给他们，作为最后安息之所。我们这样做是完全应该而且是非常恰当的。

但是，从更广泛的意义上说，这块土地我们不能够奉献，不能够圣化，不能够神化。那些曾在这里战斗过的勇士，活着的和去世的，已经把这块土地圣化了，这远不是我们微薄的力量所能增减的。

我们今天在这里所说的话，全世界不大会注意，也不会长久地记住，但勇士们在这里所做过的事，全世界却永远不会忘记。

毋宁说，倒是我们这些还活着的人，应该在这里把自己奉献于勇士们已经如此崇高地向前推进但尚未完成的事业。倒是我们应该在这里把自己奉献于仍然留在我们面前的伟大任务——我们要从这些光荣的死者身上汲取更多的献身精神，来完成他们已经完全彻底为之献身的事业；我们要在这里下定最大的决心，不让这些死者白白牺牲；我们要使国家在上帝福佑下自由的新生，要使这个民有、民治、民享的政府永世长存。

这篇短文被认为是美国文学中最漂亮、最富有诗意的文章之一，已经铸成铭文，放在英国的牛津大学里，作为英文演说的典范。区区 500 余字、10 句话左右，竟使 1500 人落泪，这就是"以情动人"的演说的力量，林肯用自己的感情唤起了听众们的感情，使这次演说产生了思想的共鸣。

这一点，值得领导者学习。**演说是世界上最省钱的投资，如果能善用演说，就会瞬间收复和鼓舞人心**。心理学有一个穿透心墙法则，它告诉我们：**真诚是用语言穿透心墙的第一步**。演说贵在打动人心，而要打动人心，就必须以情动人，用你现场展现出来的情感魅力和抖搂出来的情感包袱，去唤起台下听众的共鸣。拙劣的演说，下属听完散场就忘了；而高超的演说，讲一次会让下属惦念很长时间，甚至某些话会影响其一生。

"以情动人"演说的关键就在于：给自己的演说赋予"灵魂"，即酝酿好一句以情动人的关键话语，去引爆、串联自己的演说故事。有时候，一句厉害的话语，可以弥补你在演说方面的劣势，比如语言枯燥、习惯重复、缺乏逻辑性、声音小等。有时候，一句深入人心的话，足以打动全场，省掉很多卖命游说的口舌和时间。

那么，要做到一语定乾坤，一句话以情动人，这句话必须是深思熟虑的，结合了当下的企业境况，有目的、有预谋地提出。根据我多年的演说经历，我认为要做到一句话以情动人，需要做到：

其一，这句话要富有冲击力。

"兄弟如手足，妻子如衣服。衣服破，尚可缝；手足断，安可续？"刘备这句话从古至今都有争议，人们对其隐含的对女性的不尊重褒贬不一。有时候，我们为了和目标人群拉近距离，套交情，就要放弃"滴水不漏"的原则，用富有冲击力、轰炸力的话语瞬间捕获人心。

其二，这句话要充满关怀。

简单而言，情感即相互关怀。**演说中的这句"用情"之语，只有具备"关怀他人"的情操，才会暖化人心。前提是，这种关怀必须是发自内心的。**你的整场演说难免有作秀的成分，但是这一句征服人心的关键话语，一定要发自真心。这句话要体现出视手下如同自己的家人，时时以对方的福祉为念，充满对其工作的关怀、家庭的关怀、前程的关怀等。

其三，这句话要脱口而出。

领导者在演说时可以照稿念，但是抛出这句关键话的时候，要像我们的温总理一样，尽量做到脱稿即席讲。不管你是旗帜鲜明地亮出来，还是不断铺陈后再亮出这句定乾坤之语，都要做到有感而发，脱口而出，充分自然。当然，从技巧的角度来讲，你可以故意先拿着稿子，然后扔掉，"我原本准备了一个稿子，虽然写得不错，但总比不上面对大家脱稿即席讲好"，这样更有效果。

其四，这句话要显得演说者姿态很低。

打动人的话语，绝对不可能出自高高在上的人之口。不管你是平易近人的领导，还是先天气场十足的领导，在做以情动人的演说的时候，切记要姿态低一点儿，唯有如此，才能拉近和对方的距离。所以，这句定乾坤之语，一定要体现你的谦卑姿态，字里行间流露出你和大家处于一样的地位。比如，刘备就使用了"兄弟"一词，完全抛弃了他的大哥地位。当然，这句话能把自己的身份降得更低也很好，比如使用"公仆"一词也不错。

其五，这句话要经过了自己的内化吸收。

可能很多领导者觉得，我又不是专门做演说的，我自己哪儿有那么牛×的话语呢？于是就想起走捷径，让秘书从网上找了一大堆名人名言。你大可以参考和借鉴古往今来的名人名言，但是绝不能照搬。

一方面，可能弄巧成拙，被博闻强识的下属识破；另一方面，不是发自肺腑的东西，根本不可能深入人心，不是你的东西，终究会被人看出来。所以，**这句打动人的定乾坤之语，一定要在借鉴的基础上内化吸收，用自己擅长的表达方式，用自己的 style（风格）道出，贴上自己的标签。如此，既是你的原创语言，又包含了个人的深沉思考，那才是最好的定乾坤之语。**

● 法门 9：如何一句话汇聚天下人的力量？

李世民说了什么，使得他身边人才济济，成就了"贞观之治"？

通过《贞观政要》的记载，我们可以发现，李世民一次又一次地向他的大臣们强调**"能安天下者，惟在用得贤才"**。他把主要精力放在了为国家选拔人才上，并进一步认为"何代无贤，但患遗而不知耳"，意思是每一朝每一代都有贤人，在求才过程中，不怕没有贤才，而是怕没有发现贤才的眼光，没有起用贤才的心胸。

魏徵是个合适的人才吗？不算是。因为他有另一个名字——叛臣。他曾经是李世民的大哥、太子李建成的旧部，曾经为李建成诛杀李世民献计献策。经过"玄武门之变"后，李世民称帝，很多人建议李世民杀掉魏徵，可李世民看中了他的才识，任用他为自己的近臣。

程咬金是合适的人才吗？不算是。因为他有另一个名字——土匪。他出身低微，集结于瓦岗寨，自立为王，与朝廷作对。历代皇帝对这类人的处置方法就是绞杀，可李世民认为他勇猛异常，是不可多得的人才，并引为己用。

汉代韩婴在《韩诗外传》中说："使骥不得伯乐，安得千里之足！"唐代韩愈在《杂说》中道："世有伯乐，然后有千里马。"很多时候，我们身边并不缺乏千里马，只是缺乏发现千里马的伯乐。

经营企业最大的困难是什么？当被问到这个问题时，10个老板有8个会愁眉苦脸地回答："缺人。"可企业真的缺人吗？这个人学历不高，不能用；这个人没有经验，不能用；这个人不懂变通，不能用；这个人悟性太差，不能用。老板们经常手里拿着一堆简历，然后用一堆的条条框框去框，框到最后，十全十美的人才一个也没有，难怪企业会缺人了！

领导者选择人才时，应该本着"不拘一格"的原则，用人最忌有数不清的框框和杠杠。索尼公司创始人之一盛田昭夫，用人从不讲资历，只要是人才，进来第一天就敢重用；他也不讲文凭，甚至写了一本《让学历见鬼去吧》的书，表明自己对文凭的看法。

管理学家彼得·德鲁克在《卓有成效的管理者》一书中指出："**谁想在一个组织中任用没有缺点的人，这个组织最多是一个平平庸庸的组织。谁想找'各方面都好'的人，只有优点没有缺点的人，结果只能找到平庸的人，要不就是无能的人。才干越高的，其缺点往往也越明显。有高峰必有低谷，谁也不能是'十项全能'。**"

领导者们应该学习李世民，选人用人能不拘一格，不重资历，不看地位，不计关系远近，不避亲仇，为了国家大义，达到选贤任能、唯才是举的境界。

刘备在得到诸葛亮之前，以个人的喜好作为识人标准。殊不知，天下之大，人外有人，仅凭个人感情来评判人，结果往往会走入迷津。他常叹自己求贤若渴，身边无人才，以至于第一次见到司马水镜时竟抱怨说："我刘备也经常只身探求深谷中的隐贤，却并没有遇到过什么真正的人才。"

司马水镜引用孔子的一段话，批驳了刘备的错误观点。他说："孔子说过，'十室之邑，必有忠信'，怎么能说无人才呢？"继而他又指出，荆襄一带就有奇才，建议刘备去访求。这才为三顾茅庐拉开了帷幕。

为了发现人才，领导者一定要打开心胸，摒弃千篇一律的用人模式，大胆起用有能之才。只有具备了不拘一格选人用人的心胸和气度，才可能开创人才集聚的局面；只有开创了人才集聚的局面，才可能不断开创事业的新高度。

在伯乐遇到千里马的时候，千里马满身是泥，骨瘦如柴，双眼无神，正奋拉着脑袋，吃力地拉着马车，从外表很难看出它就是千里马。眼看伯乐与千里马就要擦肩而过，千里马从伯乐身上闻到一股驯马人的气味，突然昂起头来，大声嘶鸣。伯乐从声音中判断出，这是一匹难得的骏马，才从不识马的盐贩手中买下了千里马，并把它献给了楚王，千里马这才大放光彩。假如伯乐身上没有长期驯马的味道，假如千里马没有适时发出声音，伯乐与千里马很可能就错过了。

因此，千里马重要，伯乐重要，双方的沟通更加重要。领导者让人才了解到自己求贤若渴，不拘一格起用人才，并能吸引人才及时走进自己的视线，就显得非常重要。这就需要领导者在不断破格任用人才的同时，更要抓住机会，多在人才聚集的地方发出这样的声音：让我们一起携手前行，共创千秋伟业。

在"一语定乾坤"总裁研讨会上，谈到人才，我和大家分享了这句话：用人之长，天下无不用之人；用人之短，天下无可用之人。

一语定乾坤：合众若水

团队高效运转的关键就是以十当一，就是十个人的团队运转起来像一个人一样灵活、自如。要做到这一点，团队必须做到五个统一：统一的思想、统一的规则、统一的目标、统一的声音、统一的步伐。领导者如何一句话实现这五个统一呢？

● 法门 10：如何一句话统一思想？

毛泽东说了什么，让"军民团结如一人，试看天下谁能敌"？

解放军的"三大纪律八项注意"的第一条就是"一切行动听指挥"，毛泽东强调了思想的高度统一对革命成功的重要性。"军民团结如一人，试看天下谁能敌"，意思就是如果大家能够亲密无间、团结协作，有统一的思想和行动，那就能所向披靡、攻无不克。统一思想是打造高效团队的基本条件，如果我们做不到统一思想，就很难建设一个强大的团队。

市场上卖蟑螂药的都有一句宣传语：一杀杀一窝。这是如何做到的呢？蟑螂有一个独特的习性，那就是一只蟑螂死亡后，别的蟑螂会一点点地蚕食死去蟑螂的躯体。所以，只要一只蟑螂吃了药，毒性就会残留在它体内，当中毒的蟑螂死后，别的蟑螂吃了它的躯体，又会相继中毒，直到全部死亡。

蟑螂之间相互传染的这种效应，被称作"蟑螂效应"。在一个团队里，如果有一小部分人的思想跟大家相左，他们就像是团队里的毒瘤，会让整个团队中毒，那这个团队必然死定了，所以领导者一定要保证团队的思想统一。有了统一的思想，才能有统一的行动，才能形成步调一致的团队，这样的团队才有执行力、战斗力。

很多企业意识到了统一思想的重要性，有些老板天天费尽口舌跟员工讲思想共识，甚至不惜花钱把员工送进培训课堂，或者把老师请到企业来培训，可往往结果并不理想。有时候，领导者本来想统一思想，却反而把思想搞得五花八门，把人心搞得四分五裂。统一思想不是一个简单的话题，不过，只要领导者抓住了事情的根本，就能够一句话统一思想。那么，具体应该如何做呢？

一棵大树，向四面八方生出很多枝杈，但不管枝杈伸得多远，长得多高，它们都归结在同一根基下。同样的道理，1000 个人心中就有 1000 个哈姆雷特，不管人心有多复杂，企业只要有统一的核心价值观，就能达到统一思想的目的。

通用电气前 CEO 杰克·韦尔奇认为："价值观乃是人们的行动，是具体的、本质的、可以明确描述的，它不能留给大家太多的想象空间。大家必须像执行军令那样运用它们，只因它们是实现使命的办法，是争取最终盈利目标的手段。"

在团队管理中，对于那些认同通用电气价值观而能力不行的人，韦尔奇会大力培养；而对于那些不认同通用电气价值观而能力突出的人，韦尔奇则会毫不留情地辞退。他说："**淘汰不愿意认同企业价值观的员工，即便他们业绩优异。很困难，是的，但是绝对有必要。**"他的这种做法避免了"蟑螂效应"的发生，保证了团队的思想统一。

马云说："**外界看我们，是阿里巴巴网站，是淘宝，但只有我们自己知道，我们的核心竞争力是我们的价值观。**"企业文化和价值观正是阿里巴巴保持快速稳健发展的关键因素。真正的商业文明，并不是建立在对财富和金钱的崇拜上，而是建立在对核心价值观的尊重和遵循上。所以，**每家企业都需要一种精神、一种价值观，以形成统一的理想和信仰，进而影响每个人的行为，把大家团结起来，形成一种合力。这样的团队势必攻无不克、战无不胜。**

有这样一句话：群雁高飞头雁领，头雁振翅雁群疾。大雁迁徙时，无论是排成"一"字，还是排成"人"字，总有一只领头雁飞在最前方引领方向，并决定着雁群飞行的高度和速度。头雁在雁群中的作用是十分突出的。

在一个团队中，领导者的地位就等同于头雁，他是团队的表率，因此，领导者在用价值观要求自己的同时，一定要把企业的核心价值观放在嘴边。需要强调的是，为了便于传播，企业提炼出来的价值观一定要遵循3条基本的规律：一要简单易记、高度概括；二要有利于大众，要被企业上下广泛认可和接受；三要具有非常强的针对性，是根据企业具体情况提炼出来的，体现企业特色。

我的恩师、共和国演讲家李燕杰教授曾经说过一句肺腑之言："我们是天空的星斗相互照耀，而并非沙滩的顽石相互撞击。"就是这句话，让我们中国教育培训界的同人都能紧密团结，为客户、为听众创造价值。

● 法门 11：如何一句话统一规则？

商鞅对秦孝公说了什么，促使其变法，使秦国开始变得强大？

商鞅说："人主使其民信如日月，此无敌矣。"意思是，君主如果能使对百姓的承诺像日月那么明确，这个国家必定无敌。在他的主张下，秦国实施变法，以"法"代"礼"，全面推行"法治"，把游戏规则明确下来，写入法中，然后从君主到臣民，上上下下都要遵守法。就是凭借这一点，秦国快速发展，日益强大。

对于一个国家来说，明确的法治让大家的行为有了准则，明确的奖惩政策让大家的奋斗有了方向，明确的分配体系激发了大家的潜能。相反，不明确则会让整个国家陷入混乱。

对于一个组织、一个团队来说，必须有它的规则，规则是告诉团队成员该做什么，不该做什么。不能做什么是团队行事的底线，如果没有设定底线，大家就会不断地突破底线，一个不断突破行为底线的组织是不能称为团队的。**好的规则可以使坏人无法任意横行；**

坏的规则可以使好人无法全身心地做好事，甚至会走向反面。

20世纪80年代初的海尔公司，管理混乱，车间里堆满了杂货、垃圾。张瑞敏进入海尔后，做的第一件事就是制定了名为"十三条"的管理规则，规则里注明了：在工作时间不准抽烟喝酒，不准聊天，不准在车间大小便。这些规章制度听起来很好玩、很好笑，可这些规则实施后，海尔换了全新的面貌，严明的纪律使得海尔形成了有条不紊的工作流程、完整而规范的管理体系，为以后海尔的腾飞打下了坚实的基础。

对于一个团队来说，制定规则是最重要的事情，是其能否生存最基本的前提。可以说，没有规则，就没有忠诚、敬业、富有创造力的员工，就没有效率和合作，没有一切。

在一个没有规则的团队里，领导者是很可怜的，再厉害的领导者也会陷入"忙—茫—盲—莽—亡"的怪圈。先是忙来忙去的，四处抓，之后会陷入迷茫，为什么做了这么多的努力还是不见效果？再之后，领导者会进入盲目状态，会引入无数的管理方法，结果团队还是不见起色。然后，毫无头绪的领导者会采取一些鲁莽的做法，最终，团队走向了灭亡。这就像交通系统一样，老板就像交警，员工就像司机，如果没有红绿灯，警察会有多累，员工又会有多么危险。

对于领导者来说，用权力说话，是不牢固的；用制度说话，才有最大的说服力。制度的制定很简单，难就难在制度的落实。

毛泽东在推出"三大纪律八项注意"的训令后，就明确要求"以此为准，深入教育，严格执行"。

有一家实力不错的企业，可是不知道为什么面临着破产的危机，企业的员工也面临着失业的压力。老板没办法，只好高薪聘请一个德国人来帮助管理。企业员工翘首以待，希望德国人可以为大家带来全新的管理办法，从而解决自己失业的危机。可是，没有想到的是，这个德国人来了以后，没有做出任何改变，制度还是原来的制度，人员和设备也还是原来那一套。他只提出一个要求，那就是要求大家坚定不移地贯彻落实先前制定的制度、流程。

结果，不到一年时间，这家岌岌可危的企业就转亏为盈。德国人的管理秘诀是什么呢？那就是落实，不折不扣地贯彻落实。

商鞅在变法的过程中说了一句话，对变法的落实起了决定性的作用："法之不行，自上犯之。"法律能不能落实，关键就在于上面的人能不能遵守。有一次，太子触犯了法律，商鞅毫不留情地"将法太子"。在当时的封建社会，人是分三六九等的，而太子更是一人之下万人之上，商鞅能做到这份儿上是非常不容易的，也正因为如此，才有了商鞅变法的成功。这件事引申出了一句话，我们都很熟悉，那就是"王子犯法，与庶民同罪"，这是法制规则落实的关键。

领导者如何一句话统一规则呢？领导者一定要说这句话："王子犯法，与庶民同罪"，或者"法之不行，自上犯之"。在巨海，

第5章
合众若水
一语定乾坤·

我作为最高领导人，会持续不断地说：一切向我看齐！

像很多民营企业一样，新东方是俞敏洪和他老婆一起创办起来的。后来，他老妈和他老婆的姐姐、姐夫都在新东方工作。不仅俞敏洪这样，其他创业元老也如此。而且，俞敏洪的老妈对公司管理指指点点，引起了海归们的不满。

为此，俞敏洪制定了一个回避原则：直系亲属一律不能在公司工作。这个规则是要把他老妈和老婆赶出公司，这让她们都很不满："你这个规则，对别人可以，但对我们不管用。"俞敏洪就说了一句话，"法之不行，自上犯之"，然后把他老妈、老婆赶出了公司。之后，一哭二闹三上吊的戏每天在家里上演，俞敏洪却仍旧不为所动，这才有了后来新东方的发展和壮大。

有人把竞争比作人类社会一场永恒的游戏，在这场游戏里，必须遵循一定的游戏规则，而且所有的游戏规则里都应该写着"公平"两个大字，唯有如此，游戏才能有序地进行。

● 法门 12 : 如何一句话统一目标？

唐僧说了什么，使得西游团队克服九九八十一难，取得真经？

孙悟空有七十二般变化，武功高强，一路降妖除魔；猪八戒虽然不如孙悟空，但也有三十六般变化，也能上天入海，时不时地助猴哥一臂之力；沙僧任劳任怨，主动承担起最累的活儿，把大家的行李一路挑到西天；唐僧最舒服，骑在马上，饿了张口要吃的，遇到妖魔了，等着徒儿们来救，自己从不肯动一根手指头。可唐僧恰恰是取经团队中最关键的人物，为什么？

因为作为团队的领导人物，他做好了统一目标这个工作。他利用赴西天取经这一远大目标来统一团队的意志，使取经、来日修成正果成为团队的共同目标和愿景，达成了目标上的统一，指引整个团队走向正确的方向。试想如果没有唐僧，纵使孙悟空有通天的本领，最大的可能也是半路回了花果山；而猪八戒肯定遇到一点儿困难就收拾行李，回了高老庄；沙僧再不怕辛苦，也不会孤身一人去西天取经，他肯定会窝在流沙河，无聊度日。

唐僧最常说的一句话是什么？"贫僧从东土大唐而来，前往西天拜佛求经"，这就是目标。唐僧的成功之处就在于他是一个目标驱动大师，在他的目标感召下，不服教化的孙悟空、懒惰的猪八戒、庸庸碌碌的沙僧，都很好地融入了团队，并且历尽千辛万苦，最后成功取得真经。

管理大师斯蒂芬·罗宾斯认为，团队就是指为了实现某个相同的目标而由相互协作的个体所组成的正式群体。这个相同的目标是团队存在、发展的基础，也是相互协作的基础。这是因为只有统一了目标，才有可能让团队中的所有成员朝着一个方向去努力，才有可能凝聚成一股不可战胜的力量。

很多团队从成员到领导都知道目标的重要性，可在实际工作过程中，总是会有这样那样的问题导致目标发生偏离。这种力量可能是客观环境的变化，宏观和微观环境中也存在很多不确定性因素，这些不确定性因素经常被人当成调整目标的借口。这种力量可能是暂时的困难，当遇到看似不可逾越的困难时，团队中总会有不坚定的人开始怀疑目标的正确性。这种力量可能是团队成员的变动，当团队成员变动时，随着新人的引入，对目标的坚信度也随之被削弱。

更改目标是最容易且不费力的事，但如果习惯了更改目标，习惯了完不成既定任务，最终将一事无成。一个团队集资 100 万元投资办了一家煤气厂，可是生产煤气所需的煤炭价钱昂贵，于是这个团队就以 90 万元的售价把煤气厂转让出去，开办起煤矿来。可采矿机械的耗资大得吓人，于是这个团队又把矿厂变卖了 80 万元，转入了煤矿机械制造业。最终，这个团队会做成吗？它只会在各个行业进进出出，直到把手里的钱折腾光。

成大业者，都是目标坚定的朝圣者，成功团队的做法是目标一旦确立，就不会更改。领导者的一个主要任务就是打消团队上下对目标的怀疑，让团队中的每个人都认同团队的目标，并没有任何借口地为达成目标而努力工作。领导者应该如何一句话统一目标呢？

蒙牛创始人牛根生说："不修改目标，只修改手段。"他认为，一个目标确立后，实现它总会遇到各种各样的困难。许多人的做法是遇到困难就修改目标，因为修改目标最简单。殊不知，目标一动，整个系统就都被打乱了。牛根生认为，对目标的追求应该是偏执的！

英国谚语说："目标刻在石头上，计划写在沙滩上。"目标是要刻在石头上的，任凭风水雨打，几百年、几千年都不会消失；计划是写在沙滩上的，根据具体的情况，可以不断地修改，直到目标达成。

你的团队在年初的时候制定了全年要完成 1000 万元销售任务的目标，到年中的时候一看，仅完成了 300 万元，今年的市场形势太差了。有人找到你："领导，我们把目标调低一些吧。"这个时候，你应该说：**"不修改目标，只修改手段""目标刻在石头上，计划写在沙滩上""没有劈不开的柴，只有斧头不够快""没有达不成的目标，只有达不成目标的人"**。

● 法门 13：如何一句话统一声音？

王永庆说了什么，将台塑集团的内耗降到了最低？

王永庆认为：对企业来说，节省 1 元钱就等于净赚 1 元钱。在紧抓成本控制的同时，他对企业的内耗也十分重视。他是如何将企业内耗降到最低的呢？

台塑集团有"午餐汇报"，王永庆每天中午都在公司里吃一盒便饭，用餐后便在会议室里召见各单位主管，先听他们的报告，然后提出很多犀利而又细微的问题。在这一问一答中，王永庆就能真实地审视各单位主管是否发自内心地形成了共同的看法，对于存在的分歧，他会立即想办法进行相应的协调。**对于个人角度引发的分歧，王永庆会明确地对各单位主管说：一切按照王永庆说的做，王永庆是错的，还是按照王永庆说的做。**

现在很多企业领导者都在倡导建设性冲突、人性化管理、民主决策，比如乔布斯就认为，一个理想的团队，就应该让成员们互相争吵、争执甚至大吵，这会让他们变得更棒。王永庆并不反对争吵、争执，但他认为争吵、争执只应该在做出决策前，做出决策后，在执行过程中仍有不同的声音，你说东他说西，就像人在做思想斗争时会降低行动效率一样，团队噪声太多会降低效率。

钓过螃蟹的人都知道，篓子中放了一堆螃蟹，不必盖上盖子，螃蟹是爬不出去的，因为只要有一只想往上爬，其他螃蟹便会纷纷攀附在它身上，把它拉下来，最后没有一只能够出去。这就是"螃蟹效应"。"螃蟹效应"在企业中的表现是，员工与员工之间、员工与老板之间，因为个人利益而出现明争暗斗。这样的团队会出现"1+1<2"的结果，而且随着"1"增加到N，能量"和数"会远小于N，整体丧失前进的动力，最终导致团队失去生命力，企业做不大，也做不强。

团队在分配资源时，总是按照每个人的工作性质、岗位职责、在团队中的地位，以及团队目标等因素来分配资金、设备、时间等，资源是有限的，这种分配是很难做到绝对公平的。另外，团队的人员配备是有限的，当一个人努力提高自己在团队中的地位时，很可能会威胁到其他人的地位。

因此，在团队管理中，不和谐的音符难免会存在，比如中层领导会抱怨员工素质差、不听话、工作不负责，企业经营难度大；员工则埋怨企业福利差、工作环境差，工作太辛苦，领导管理无章法；不同部门间相互抱怨，工作不配合，扯后腿。当这些不和谐的声音出现时，如果不及时处理，团队内耗将拖垮整个团队。

"三个和尚没水喝"的故事大家都很熟悉。当庙里只有一个和尚时，他自己挑水喝，挑得很自在。当庙里有两个和尚时，他们一起抬水喝，同样做得不错。可当第三个和尚来了，问题就出现了。大和尚说："我挑水都挑了好几年了，我挑得最多，现在该歇歇了。"二和尚说："新来的应该多干活儿。"小和尚说："我年纪小，身体太单薄，干不动重活儿。"于是，大家谁也不服谁，谁也不愿意干，而白胡子的长老本来应该站出来主持公道，统筹安排，可他说："我年老不口渴，你们爱挑不挑，我才不管。"于是，大家都没水喝。

当团队中出现不统一的声音，有了摩擦、抱怨、不和谐的时候，领导的角色就显得格外重要。"三个和尚没水喝"的最主要责任人就是不作为的白胡子长老，他任由问题存在，结果导致了效率低下、内耗增加、人心涣散等问题，和尚多了，却没有人去打水。

如果他能站出来说一句"听我的"，不同的声音很容易就消失了。

这就需要团队领导不能怕得罪人，不能怕"做恶人"。作为领导，该坚持的原则必须坚持，不能因怕影响与下属的关系而有丝毫动摇。在处理问题时，"多栽花，少种刺"虽然好，但很多时候，没有尝到被刺痛的感觉，人们将很难进步。

针对不和谐的声音，领导者必须有的放矢，做出有效的批评，态度坚决，处罚严厉，这既可体现领导者的人格威慑力，又具有很强的警示作用。相反，当不和谐的声音出现的时候，领导者如果畏首畏尾，立场和态度暧昧不明，就会挫伤一部分人的积极性，失去他们的拥护，还会使犯错误的人不能痛改前非，在错误的路上越走越远，进而拖垮整个团队。

● 法门 14：如何一句话统一步伐？

王石说了什么，使他在只用三分之一的时间工作的情况下，带领万科越走越顺畅？

王石，这位挑战珠穆朗玛峰的企业家，有一个时间安排的"三分法"：三分之一在工作，三分之一在登山，三分之一在国外。实际上，他工作的时间不到五分之一。有一次，王石的下属在下班时间找他，想跟他谈谈工作，结果被王石拒之门外。他说，工作的事情，你上班时间再找我。那么，王石是靠什么管理团队，进而带动万科高速增长的呢？

王石的秘诀就是学习。

由于受"文革"影响，王石初中毕业后就应征入伍。虽然他在部队里自学了数理化，还读了很多书，但步入社会后，他的知识明显不够用。刚开始做生意的时候，王石连发票是什么都不懂。赚钱后，他傻乎乎地提着两个大大的塑料编织袋去收货款，他不知道有银行转账单这个东西。

认识到了自己的不足，王石就下决心学习，他每天下班后会自己给自己上不少于两个小时的"晚自习"。他仅用了3个月就学会了记账，甚至连阅读各种财务报表都没有障碍了。

王石还把这种热爱学习的精神带进了团队，他曾亲自帮手下补习文化课，还在公司里建立和健全了培训体系。通过这种从个人学习到团队学习的方式，王石带出了一支学习能力极强的队伍，进而使公司的运营越来越专业。

企业的倒闭不是因为竞争对手的强大，而是因为自身的弱小。

企业之所以会倒闭，不是因为对手太厉害，而是因为自己不够强大。不改变、不学习、不成长的企业，就意味着慢性自杀。要立于不败之地，只有让自己变得强大。要想与狼共舞，首先要把自己变成狼。这就需要团队不断学习、成长、蜕变。

鸟类中寿命最长的是老鹰，老鹰年龄大了的时候，它的喙就无

第5章
一语定乾坤：
合众若水

法很好地啄取食物了。老鹰必须在岩石上拼命地敲打自己的喙，把老喙打掉，长出新的喙，然后再拔掉自己的指甲，直到长出新的指甲，还要拔掉自己的羽毛，这样才能长出新的羽毛。整个过程是十分痛苦的，可痛苦过后，老鹰可以再继续飞很多年。**生命的强大在于历经苦难，而生命的蜕变在于不断迎接新事物。**

一个健康的团队一定是处于不断成长的状态，团队行动的时候，每个环节都要环环相扣，团队各成员的行动都要保持统一有序，唯有如此，整个工作流程才能合理地衔接。如果团队在大踏步地前进，而有的团队成员却在原地踏步，那他必定会拖慢团队前进的脚步。这就像在一辆汽车上安装了自行车轮胎，一架飞机上用的是鸟的翅膀。领导者应该如何避免这种情况的发生，让整个团队保持统一的步伐，整齐有序地前进呢？

今天的你比昨天更优秀吗？

戴明博士提出的管理理论，拯救了第二次世界大战后的无数日本企业，这个理论叫"每天进步1%"。成功是日积月累的结果，一切的奇迹都是累积出来的，我们可以看到任何一家伟大的企业都不是一天一年就做出成绩，而是夜以继日累积的结果。一切的奇迹都是累积出来的，在整个发展过程中，今天的你比昨天更优秀吗？今天的你比昨天更努力吗？今天的你比昨天更用心吗？今天的你比昨天更加努力地付出吗？这就是团队发展的核心——

成长。

我以前做职业经理人，2008 年 10 月，我开始创业，那时我的团队只有 5 个人，到现在，5 个人的团队发展成了 500 多人的团队，我们的核心理念是工作学习化，学习工作化。学习是一家企业最赚钱的投资，有了员工的成长、团队的成长，才可以推动企业的发展，推动企业的成长。企业赚钱了，却没有成长，这是短暂的、碰巧的、偶然的，成长永远比成功重要。

所以企业在发展中要进入一个新的时代，第一个核心是新思想，新思想的关键就是成长。老板带动团队一起学习，一起成长，要想团队步伐统一，领导者一定要说这句话：今天的你比昨天更优秀吗？

在学习方面，李嘉诚是我们所有人的偶像。有人问李嘉诚："李先生，您的成功靠什么？"李嘉诚毫不犹豫地回答："靠学习，不断地学习。"不断地学习知识，是李嘉诚成功的奥秘！李嘉诚勤于自学，在任何情况下都不忘记读书。年轻时打工，他坚持"抢学"；创业期间，他坚持"抢学"；经营自己的"商业王国"时，他仍孜孜不倦地学习。晚上睡觉前是李嘉诚铁定的看书时间，他喜欢看人物传记，无论是哪个领域的，医疗、政治、教育、福利，只要是对全人类有所帮助的人，他都很佩服，都心存景仰。

李嘉诚每天工作 10 多个小时，仍然坚持学英语。早年他专门聘请一位私人教师，每天早晨 7 点半上课，上完课再去上班，天天

第5章
一语定乾坤：
合众若水

103

如此。苦读英文使李嘉诚比其他早期从内地来香港发展的企业家更有优势。懂得英文，使李嘉诚可以直接飞往英美参加各种展销会，谈生意时可直接与外籍投资顾问、银行高层打交道。如今，李嘉诚已年近 90，仍爱书如命，仍然在学习，仍然在追求"今天比昨天更优秀"。

第6章

一语定乾坤：
鼓舞士气

士气，是战场上将士们的精神支柱，是战斗力的重要组成部分。在战斗中，士气往往比武器重要。士气低落者，贪生怕死，畏缩不前，往往不战而降，不攻自破；而士气高昂者，视死如归，一往无前，无坚不摧，无往不胜。士气对于团队既然起着这么重要的作用，那么，作为团队的灵魂人物，领导者又应该如何用铿锵有力的语言去鼓舞士气呢？

● 法门 15：如何一句话长自家志气？

国共战争初期，毛泽东说了什么，迅速扭转了敌强我弱的不利局面？

毛泽东说的这句名言正是"一切反动派都是纸老虎"。在当时的革命形势下，这句话太具震撼力了。当时国共力量悬殊，我们来几个简单的对比就可以看出：

其一，武器上，共产党用的是小米加步枪，国民党配备的是飞机加坦克；

其二，背景上，共产党势单力薄，缺乏支持，国民党有着当时最强大的美国帝国主义的明确支持；

其三，队伍上，共产党由农民、工人等各界人士组成，国民党是受过正规军事训练的正规军。

在这种实力相差悬殊的情形下，毛泽东提出这句论断是需要勇气的，当他成功论证了自己的观点之后，这句话就成为一种力量！毛泽东这样诠释自己的论断：

看起来，反动派的样子是可怕的，但是实际上并没有什么了不起的力量。从长远的观点看问题，真正强大的力量不是属于反动派，而是属于人民。……虽然在中国人民面前还存在着许多困难，中国人民在美国帝国主义和中国反动派的联合进攻之下，将要受到长时间的苦难，但是这些反动派总有一天要失败，我们总有一天要胜利。这原因不是别的，就在于反动派代表反动，而我们代表进步。

毛泽东的这番话一出，立即大大增强了中国共产党人和中国人民同帝国主义支持的国民党反动派做斗争的勇气和信心，它产生了人们意想不到的巨大力量，成为中国共产党人和中国人民最强有力的武装。

"一切反动派都是纸老虎"，毛泽东的这句振聋发聩的口号确实吓倒了美国人。

美国出钱出枪支持国民党政府，居然没顶住小米加步枪的共产党军队，国民党政府最终落得个败走台湾的结局。

抗美援朝战争时期，美军装备精良的装甲师被卧冰踏雪、千里奇袭的中国志愿军赶回了"三八线"以南，美国在停战协议上签字，连美军的将军都认为那是个失败。

无论是军队，还是组织，在激烈的竞争中都靠一股蓬勃向上的士气支撑。高昂的士气是企业机体健康的标志，是企业保持长期核心竞争力的重要保障。士气是一种精神，激励组织中的每个人团结互助，不畏困难，坚定目标，不断进取。所谓士气，即当团队要求或者期望个人发挥作用或者完成任务时，个人所表现出的一种自信的、坚定的、自觉的、自我牺牲的和英勇无畏的态度。

在双方的实力对比中，如果我方明显处于优势，团队的士气就自然而然会高涨，这时候领导者只需要发表"戒骄戒躁"的演说即可。在双方的实力对比中，如果我方明显处于劣势，那么此时领导者就要站出来，做激动人心的演说，即便明明知道实力悬殊，也要给团队注入我方必胜的信念，其中一个最直接的方法就是指出对手的弱点。

战略上藐视敌人，战术上重视敌人，是伟大领袖毛泽东留给世人宝贵的精神财富。所谓战略是指决定全局的策略，战术是指解决局部问题的方法；所谓敌人是指真正的敌人，也可以指工作中遇到的困难和障碍。

在战略上藐视敌人，才敢于和敌人做斗争；才能保持旺盛的斗志，百折不挠，一往无前；才能在暂时处于劣势的情况下，不被敌人外强中干的现象所迷惑，不致过高估计敌人而悲观失望、停止不前。而战略上藐视敌人，很多时候靠的就是领导者的精彩演说。

怯弱者是"人间无价值的赘物"

当士气下滑的时候，首先要重复的一个观念就是：敌人有时候并不像我们想象的那么强大，它可能是装出来的，绝对不能被它虚假的外表所欺骗。

从前一户人家的菜园里有一块大石头，宽约 40 厘米，高约 10 厘米。到菜园来的人，一不小心就会踢到那块大石头，不是跌倒就是擦伤。儿子问："爸爸，为什么不把那块讨厌的石头挖走？"爸爸这么回答："你说那块石头啊，从你爷爷时起就在那里了，它的体积那么大，不知道要挖到什么时候。与其挖石头，不如走路小心一点儿，还可以训练你的反应能力。"

若干年后，这块大石头留到了下一代，当年的儿子也娶上了媳妇。有一天，儿媳妇气愤地说："爸爸，菜园那块大石头，我越看越不顺眼，改天请人搬走好了。"爸爸回答说："算了吧！那块大石头很重的，可以搬走的话，我早就搬走了，哪儿会让它留到现在啊？"儿媳妇心里很不是滋味，那块大石头不知道让她跌倒过多少次了。

有一天早上，儿媳妇带着锄头和一桶水，将整桶水倒在大石头的四周。十几分钟以后，儿媳妇用锄头把大石头四周的泥土锄松。儿媳妇早有心理准备，可能要挖一天吧，没想到只用了几分钟就把石头给挖了出来。看看大小，这块石头根本没有他们想象的那么大，他们都被它硕大的外表蒙骗了。

对手强大与否，有时候取决于我们自己的心态，如果我们足够强大，就会无畏；如果我们心存怯弱，就会无端把对方的优势放大，而灭了自己的志气。恐惧和怯弱才是我们最大的对手。有句西方谚说得好：**"怯弱者是'人间无价值的赘物'。"**《商君书·画策》中说："能

胜强敌者，先自胜者也。"能战胜强大敌人的人，首先应当是能够
战胜自己（弱点）的人。克服对决前的怯弱，整个人冷静之后，就
会发现对手不过是纸老虎、披着狼皮的羊。

再强大的敌人，也有命门

在两亿多年前，恐龙是体格最大的爬行动物，这些庞然大物在
一亿多年的时间里统治着整个地球。但是，就在 6500 万年前，这些
地球的统治者似乎在"一夜间"走向了灭绝。

恐龙灭绝的原因有很多种说法，其中一种比较主流的说法是：
一颗小行星撞击地球引起大爆炸，导致遮天蔽日的尘雾阻止了植物
的光合作用，又冷又饿的恐龙因此走向了灭绝；有的说是地球大
气含氧量因为气温大幅下降而减少，导致缺氧的恐龙冻死了；有
的说恐龙是因为食物中毒而死；还有的说是因为一种没有天敌的小
型动物爱吃恐龙蛋，最后把恐龙蛋都吃光了……不论是何种原因，
一个基本的事实是：那些貌似不可敌的强者都存在弱点，甚至是
"死穴"。

阿喀琉斯是荷马史诗《伊利昂纪》中的英雄，是海洋女神忒提
斯和平民英雄珀琉斯所生，被称为"希腊第一勇士"。忒提斯为了
让儿子练成"金钟罩"，在他刚出生时就将其倒提着浸进冥河。遗
憾的是，阿喀琉斯被母亲握住的脚后跟不慎露在水外，留下了全身
唯一的死穴，因此埋下祸根。

阿喀琉斯长大后，作战英勇无比，在战场上几乎是百战百胜，杀死过无数的特洛伊英雄，以至于后来特洛伊人从远处看到他，立即吓破了胆，阵脚大乱，阿喀琉斯不战而胜。后来，太阳神阿波罗发现了阿喀琉斯的命门，一箭射中了他的脚后跟，阿喀琉斯当即死去。

恐龙灭绝和"阿喀琉斯之踵"的故事告诉我们这样一个道理：即使再强大的对手，也有其致命的软肋。这个世界上，没有不可战胜的对手。无论看上去多厉害的对手，都一定有其弱点和致命缺陷。这样的事例在商界比比皆是。

那么，领导者在演说时，如何有效地痛陈对手的缺点呢？

痛陈其品牌形象上的弱点

每个品牌都有它的目标消费者族群，并在这些消费者的心中逐渐形成一个比较稳定的形象。也就是说，一个冲破竞争重围而逐渐成长与壮大起来的品牌，往往无法满足所有有类似需求的消费者，而它在消费者心中的形象也通常有其局限性。

我们知道可口可乐一直是碳酸饮料行业的老大，而百事可乐之所以会成为碳酸饮料行业中的另一个巨无霸品牌，其中一个重要原因就在于它清晰而明确地抓住了"新一代"——新一代年轻人。百事可乐定位为新一代年轻人的饮料，并用"新一代"发起攻击，将可口可乐逼向了"老一代"的墙角。

痛陈其产品上的弱点

许多年轻的朋友都用过 MP3，可大家知道第一款 MP3 是什么时候在中国市场上出现的吗？ 1999 年。大家又知道是什么品牌统治着当时的中国市场吗？ 是三星、JNC（捷迅）等韩国品牌。但是，这些品牌给市场后进者留下了一个太大的可供攻击的弱点，那就是：韩国的 MP3 产品存在一个很大的缺陷——在使用的时候需要安装驱动程序。在什么都讲究"傻瓜化"、简单化的时代，大家应该很清楚这意味着什么，这对那些对电脑不够熟悉的消费者来讲是件比较麻烦的事。

市场后进者华旗资讯决定攻击对手的这个弱点，帮消费者解决这个问题。他们把 USB 的移动存储技术直接加入 MP3 播放芯片中，让自己的品牌——"爱国者"MP3 可以即插即用。这件事无论是当时看来还是现在看来，都很简单，但就是这么一个简单的做法，让爱国者经典 MP3 V 系列在上市 8 个月之后，市场占有率超过了三星，成为中国 MP3 市场的主流品牌之一。

痛陈其价格上的弱点

攻击对手的价格要掌握适度原则，这里提"适度"这两个字，是对市场后进者而言，无论是生产的规模还是销售的规模，无论是资金实力还是品牌影响力，市场后进者往往都落后于市场领先者。除非强大的市场领先者认为后进者还不够格，还不重视后进者；除非它们存在机构臃肿、官僚作风盛行、反应机制僵化、管理流程过长的缺陷。这样，我们获胜的概率就会得到一定程度的提高。

姑且不说价格战是把双刃剑，万一强大的对手真的在第一时间参与进来打价格战，后进者就不免缺少胜利的资本。不过，如果能将领先的产品和价格做一定的结合，结果就会好很多，比如前面提到的爱国者 MP3。

事实上，三星后来又超过了爱国者，但是华旗资讯又率先推出了彩屏 MP3，并攻击了对手在价格上的弱点——爱国者彩屏 MP3 的价格几乎和三星普通 MP3 的价格相同，这又让爱国者再次超过了三星。

痛陈其渠道劣势

宝洁公司是国际日化市场上的巨无霸，被许多人认为是不可战胜的，但是它在通路上的弱点成就了不少企业的发展与壮大。

比如，宝洁的强势市场是城市，那其他品牌就农村包围城市，到广大的农村市场去打"游击战"。这成就了部分二线品牌。

又比如，有不少的日化企业都将宝洁的经销商发展成了自己的合作伙伴——你宝洁用什么经销商，我就挖这个经销商的"墙脚"，挖不了我就和你共用这个经销商，用宝洁培养起来的经销商的市场能力，以"搭车"宝洁产品销售的方式，为自己的成长提速。所以，宝洁后来不得不进行经销商转型，将那些无法做到"专营专注"的经销商清理出局。

再比如，宝洁对终端拦截不重视，那我就投入重兵，开展终端拦截。丝宝日化就是这样的一个典型，它的舒蕾品牌甚至依靠终端拦截，将市场份额做到了洗发水市场的前三甲，而这样的位置长期以来是由宝洁旗下的飘柔、海飞丝、潘婷占据的。

痛陈其服务上的缺点

一些自诩服务优良的企业，其实服务并不见得有多好。对手服务慢，我就快；对手服务内容不全，我就更加周详；对手服务人员素质良莠不齐，我就打造一支高素质的服务队伍；对手三包期之后的服务都是有偿服务，我就瞅准机会搞一次免费年检服务……很多企业通过积极攻击对手在服务上的弱点，获得了发展。

美国最大的汽车租赁公司是赫兹公司。这家公司在租车网点、所储备的车型及服务人员的素质上都有很强的优势。但是，它仍然被自己身后的弱者——阿维斯公司找到了等候队伍过长的弱点。所以，阿维斯公司对它的客户们说："从阿维斯租车吧，我们（等候）的队伍更短。"

● 法门 16：如何一句话给团队注入无限力量？

毛泽东在抗美援朝时期说了什么，奠定了抗美援朝战争的胜利？

毛泽东说："这个仗要打多久时间，我看我们不要做决定。它过去是由杜鲁门，以后是艾森豪威尔或者是美国将来的什么总统来决定的。这就是说，他们要打多久，我们就打多久，一直打到我们完全胜利！"

毛泽东坚决主张出兵支援朝鲜。他是从全球战略的高度，从中朝两国唇齿相依的关系，从中国人民的根本的长远利益考虑这个问题。1950年8月4日，在中央政治局会议上，毛泽东明确表示："台湾一定要收回，朝鲜必须帮助。"他还说："如果美帝得胜，他就会得意，他就会威胁我。我们对朝鲜的帮助，要以志愿军的形式，时机当然还要选择。仗打起来以后，有短打，也有长打，还有大打，打原子弹。打原子弹，我们没有，只好让他打，我们还是打手榴弹。但我们不能不有所准备。"

9月5日，在中央人民政府委员会第九次会议上，毛泽东进一步阐明他的意见。他说："对于朝鲜人民，我们需要给以帮助鼓励。朝鲜人民对于中国革命是有很大帮助的。中国革命的几个阶段，都有他们的帮助。现在美军已经增援了他的部队，战争的持久性也就随之增加了。朝鲜战争持久了，不如速决的好，但持久了更可教育朝鲜的人民和世界的人民。……他在朝鲜已经干起来了，也可能在别的地方干起来，他什么都可能干起来……我们不准备就不好。我们要准备战争打起来的时候，不是小打，而是大打；不是短打，而是长打；不是普通的打，而是打原子弹。我们中国人民是打惯了仗的，准备你打原子弹。我们是不要你打的，你一定要打，就让你打。你打你的，我打我的，你打原子弹，我打手榴弹，抓住弱点，跟着你，最后打败你。"

在 20 世纪 80 年代，有一种"保健方法"，叫作"鸡血疗法"，就是把一年生的公鸡的血抽出来注射给人。注射了鸡血的人，面色发红，据说精神亢奋。为什么是抽公鸡的血，而不是母鸡的血呢？因为公鸡代表着攻击性，代表着战斗力，代表着热血！

李嘉诚说："激情是扬起船帆的风，没有风，船就不能行驶。激情是工作的动力，没有动力，工作就难有突破。激情能够创造不凡的业绩，缺乏业绩，疲沓涣散，人就会一事无成。"在现代商业竞争中，激情和热血已经成为决胜的重要砝码。激情是企业的活力源泉，是一个团队保持生机和活力的关键，是危机中主导命运的良方。试想，消费者走进一家死气沉沉的门店，和走进一家充满热情氛围的门店，他的心情会一样吗？

领导者要是团队中最爷们儿的人

俗话说："兵熊熊一个，将熊熊一窝。"士兵无能，只是他一个；将领无能，会影响整个部队。两军交战，主帅的状态和才能是决定战争胜负的关键因素。

秦朝末年，天下大乱，诸侯割据，群雄混战。公元前 207 年，赵王歇被秦军将领王离率领的 20 万大军围困在巨鹿（今河北平乡），无奈之下派使者向楚怀王求援。当时秦军十分强大，没有人敢前去迎战。项羽为报秦军杀叔父之仇主动请缨，于是楚怀王便封项羽为次将，率军5万以解巨鹿之困。

项羽先派遣部将英布、蒲将军率领两万人为先锋，渡过漳水，切断秦军运粮通道。然后，项羽亲率全部主力渡河，并下令全军将士破釜沉舟，每人只携带3天的干粮，以示决一死战的决心。项羽对将士们说："我们这次出兵巨鹿，有进无退，3天之内，一定要打败秦军。"

项羽破釜沉舟的决心和勇气，极大地鼓舞了将士们的士气。楚军个个士气高涨，以一当十，奋勇死战，九战九捷，大败秦军。此时，齐、燕等各路援军也冲出营垒助战，最后俘获了秦军统帅王离，杀了其副将，巨鹿之困因而得解。

这就是历史上有名的巨鹿之战，是一次具有决定性意义的大战。它不仅击垮了秦军的主力，扭转了整个战争的格局，奠定了秦朝灭亡的基础，而且此战过后，项羽被一致推举为"诸侯上将军"，一举成为反秦阵营中叱咤风云的英雄和领袖。

从力量对比上来看，当时秦军20万人，项羽的军队不过区区5万人，秦军占有绝对优势。项羽最终打败秦军的主要原因在于其决心和勇气，这种破釜沉舟的决心和勇气不仅大大鼓舞了楚军的士气，激发了他们的战斗力，同时也极大地威慑了秦军，使他们闻风丧胆。

　　战场如此，商场以及人生也是如此。作为领导者，你不可避免地要面临激烈的竞争，要面对强敌的挑战和困难、挫折的"骚扰"，对于这些，你必须能够沉着应对并有战胜它们的决心和勇气。

　　员工和团队的激情很大程度取决于领导者。士气低落的时候，作为团队的灵魂人物，领导者这时候如果表现得爷们儿点儿，表现得更加英雄主义一点儿，激情就会迅速在团队内扩散、流淌、传递、飞扬。企业领导人如果在竞争关头说出"你要打，我就奉陪到底"的豪言壮语，员工和团队势必会充满热血。

　　纵观世界上的伟大企业，都有一个关键人物，那就是企业的灵魂人物、一位充满激情的领导者。如通用电气的杰克·韦尔奇、沃尔玛的萨姆·沃尔顿、苹果的乔布斯等，这些卓越的商界领袖具备一项共同的特质：在工作中永远满怀热情，从不知疲倦，并能把这种激情传递给自己的企业、自己的团队。

　　成功的事业＝思考方式 × 热情 × 能力，这个观点是稻盛和夫提出来的。稻盛和夫的经营管理能力，随着京瓷公司的发展而日臻成熟。他认为，人生与经营活动是相通的，生活中信奉的哲学与经营管理中行之有效的哲学如出一辙，他更提出了一个成功方程式，认为成功的事业等于 3 个因数——能力、热情、思考方式相乘，这也就是著名的"稻盛成功方程式"。

　　在能力、热情、思考方式这 3 个要素中，稻盛最看重的是思考方式和热情，他认为，内心不渴望的东西，就不可能靠近自己，一个人能够实现的只是他内心渴望的东西；一个人如果观念错误，非但劳而无功，反而起反作用。有的人的"思考方式"很消极，这通常会带来消极的结果。转化员工消极的思考方式与激发他们的工作热情，是经营者要考虑的重中之重。

沃尔玛百货有限公司总裁李斯阁说，要想成功，就必须对你的工作充满热情，没有热情就不会成功，无论什么工作都需要有一腔热情，有热情才有干劲，才能带动身边的人干下去。试想如果整日昏昏沉沉，提不起干劲，那干什么工作能成功呢？

比尔·盖茨说："每天早晨醒来，一想到所从事的工作和所开发的技术将会给人类生活带来的巨大影响和变化，我就会无比兴奋和激动。"比尔·盖茨的这句话阐释了他对工作的激情。在他看来，一个优秀的员工最重要的素质是对工作有激情，而不是能力、责任及其他因素。他的这种理念已成为微软文化的核心，像基石一样让微软王国在 IT 世界里傲视群雄。比尔·盖茨是个斯文而内向的 IT 人，所以即便他没有振臂高呼喊口号，团队已然感受到了他的热情。

我的恩师、共和国演说家彭清一教授说："一个人没有激情和热情是很难成功的，那激情和热情是什么呢？激情和热情就是一个人对工作、学习、生活高度责任感的体现。"彭清一教授的这句至理名言就是他精神的真实写照，一位 85 岁的长者今天还在中国的大江南北演说，用他的精神鼓舞着一代又一代的年轻人、企业家奋进。

相比起来，军人出身的任正非就显得非常爷们儿。在华为，召开员工大会之前，大家经常会齐唱《团结就是力量》《解放军进行曲》等革命歌曲。1998 年，市场部年终培训结束后，华为员工在公司的大食堂里合唱《解放军进行曲》，当时，任正非和全体员工都在台下观看。由于时间紧张，市场部事先没有排练，舞台上又没有扩音设备，大家就那样扯着嗓子唱。

任正非自己首先激动了起来，站起身来带头唱，下面所有员工也都跟着高歌起来，一时间，饭堂里歌声飞扬，声震四方，群情激昂，大家一时间都精神振奋。华为人工作起来不要命，时常加班到深夜，吃盒饭，在办公室桌底下打地铺，华为人加班是出了名的。在深圳，有些女孩就认真地说：嫁人不嫁华为人。因为嫁了，就意味着前半夜会独守空房；而华为的市场人员则更不能嫁了，因为那意味着后半夜还会独守空房。

这种说法或许夸张，但华为人激情飞扬的工作精神是他们的一个显著特征，正是因为这种魔鬼般的没有休息日的工作激情，才使得华为这只土狼 10 多年来，一直处于凶猛无比的扩张之中。

作为企业的领导人，无论是儒商还是霹雳硬汉，都要在团队士气低迷的时候，勇敢地站出来，用最适合自己的方式表现出"只要我们全力以赴，上帝都会为我们让路"的激情来，让团队成员相信，只要我们执行下去，就一定能行，一定能打败对手！

每个下属都可以是个纯爷们儿

领导者不仅要表现出自己是团队中那个最爷们儿、最有激情的人，同时，还必须鼓舞下属、告诉下属，如果你们调动内心的巨人，就一定能和自己一样成为激情四射的人。

有时候，为了让下属相信自己是有潜能的纯爷们儿，不妨将那个老掉牙的神话再讲一遍：

传说，在很久很久以前，人类是有神力的，然而人们却滥用他们的神力，触怒了造物主，造物主决定剥夺人类所拥有的神力，并将它藏在一个不容易被发现的地方，然而，将神力藏在哪儿却难住了造物主。

于是，造物主召集众神讨论这个问题。

众神建议：将神力藏在陆地上最隐秘的某处。

造物主说："不可，这太容易了，一定会有人挖遍陆地上的每一个角落找到它的。"

众神又说："不如将它藏到海底最深处。"

造物主再次否决了这个建议。他说："不行，因为人们也会搜遍海底的每一个角落。"

诸神实在想不出一个可以不被人类发现的地方。

这时，造物主想到了一个地方，对众神宣布："我们应该把神力藏在每个人自己的内心深处，因为那是人类唯一想不到去寻找的地方。"

从那以后，人们上山下海，寻遍每个角落，去寻找那就在自己心灵深处的东西。

在每个人的身躯里，都住着一个不朽的灵魂，蕴藏着意想不到的神力，任何一个平凡的人，只要他的潜能得到发挥，就可以干出一番事业。通过研究发现，那些被称为天才的人，只不过是开发了他们的潜能而已。

有一次，日本前首相田中角荣不小心把几个新的灯泡打碎了，他不由自主地发出"啊"的一声，从此田中角荣明白了：生气了就可以发出声音来。为了更好地表达心中的声音，从小就口吃的他决心把自己的口才练好，经过种种努力，他终于找到了矫正自己口吃的突破口，那就是演戏。

田中角荣这样分析：在舞台上表演，虽然台下众目睽睽，容易让人紧张，但也很有裨益。相反，因为上台不像平常那样讲话，而是念台词，所以必须事先把要讲的话背得烂熟，还要将剧情和台词融会贯通，这样，演戏时讲台词就与平常说话有了差别。在当年的学艺会上，田中角荣争取机会饰演《辨庆安宅之关》中的辨庆，他一有机会就苦练台词，终于将台词背得滚瓜烂熟。

田中角荣在回忆录里这样讲："其实，我为了完成这个重要任务，想出了两个办法，第一是带上调子讲台词；第二是在演戏的时候加上音乐伴奏，使戏和音乐配合起来，因为这样就等于唱歌，唱歌是不可能口吃的。就这样，我成功地出演了辨庆这个角色，使我对克服口吃增添了莫大的信心。"

当天，戏刚一开始，田中角荣拄了金刚杖，打扮成辨庆就上场了。大家要看口吃的田中究竟能演出什么样的辨庆，所以全场鸦雀无声。他带着演唱腔调开了头，结果意外顺利地说出了头一句台词，田中角荣由此得到了勇气，难讲的《劝进帐》台词也能顺利地念下去了，戏一结束，全场就发出雷鸣般的掌声。就这样，田中角荣克服了自己口吃的毛病，最终靠着好口才成为日本首相。

潜能是一种尚未显现的能力，它一旦外化，与活动联系起来并影响活动效果，就变成显在能力，即通常所讲的能力。国内外学者都用"海上冰山"的理论形象地说明人类巨大的潜能。人的能力好比一座浮在海上的冰山，浮在水上面的像人类已知的能力——显能，这只是很小的一部分，而沉没在水面下的未显露的部分却是显露部分的 5 倍、10 倍、20 倍……美国心理学家威廉·詹姆斯认为，一个正常健康的人，只运用了其能力的 10%，尚有 90% 的潜力未被使用。

如今，有很多所谓的潜能开发大师，总是教大家如何充分发挥大脑功能，要勇于思考和善于思考；如何锤炼坚定的意志，要保持健康积极的心态……潜能培训之所以会流行，不是因为大师们多么会忽悠，而是反映了一个客观事实：每个人心中都有着做大人物的大梦，等着外力来刺激。

一个人的潜能就如一盒待燃的火柴，但自己却不能点燃它们，因为那必须要靠氧气和外力的帮助，一盒放置过久的火柴，如果没有点燃就会发潮，就再没有人能点燃它们了。作为企业领导人，一定要肩负起这个使命：做一个刺激下属的人，只要唤醒了他们心中的大梦，他们就会精神振奋，脚下的行动就会加快。

● 法门 17 : 如何一句话让人挑战权威?

大泽乡起义时，陈胜喊了一句什么话，引发了反秦大地震，大秦帝国从此开始土崩瓦解?

"壮士不死则已，死即举大名耳，王侯将相宁有种乎? "

陈胜这句话的意思是有权有势的人，难道生来就比别人高贵吗? 王侯将相之所以高贵都是靠自己打拼来的，我们应该为改变自己的命运而敢于起义。当陈胜喊出这一句口号的时候，瞬间得到了众人的追随。

陈胜、吴广召集并号令众戍卒说："你们碰到了大雨，都已经误了朝廷规定的期限，误期就会被杀头，即使免于斩刑，可因为驻守边疆而死的人也有十之六七。再说好汉不死便罢，要死就要取得大名声啊! 王侯将相难道有天生的贵种吗? "众戍卒说："听从您的命令。"于是起义队伍就冒充公子扶苏、项燕的队伍，顺从人民的心愿，军队露出右臂作为标志，号称大楚。他们筑起高台，在台上结盟宣誓，用两尉的头祭告天地，陈胜自立为将军，吴广为都尉。起义军攻下大泽乡后，在行军时又沿途吸收群众加入，等到达陈县，起义军已经有战车六七百辆，骑兵一千多，步兵几万人。

"王侯将相宁有种乎"的呐喊，喊出了千百年来百姓心中的真实愿望：对命运不公平的不满和反抗，所以，合者甚众。其实，不甘心命运的安排，陈胜从年轻的时候就表现了出来，陈胜还在做雇农的时候，有一次停止耕作到田边高地上休息，突然感叹："如果有一天富贵了，不要忘记彼此。"同伴们笑着回答："你做雇工为人家耕地，哪里谈得上富贵呢？"陈胜长叹一声："唉，燕雀怎么知道鸿鹄的凌云志向呢！"

"燕雀安知鸿鹄之志"和"王侯将相宁有种乎"，这两句豪言壮语，让建功不算太大的陈胜永久地铭刻在了史书上。

温家宝总理在十一届全国人大三次会议闭幕后的记者招待会上说："国之命在人心……公平正义比太阳还要有光辉。"此妙语一时间在国内外引起了强烈反响和共鸣。自古以来，中国人就有追求公平正义的民族传统，凡事只要涉及不公平，就必然会引起公愤。相反，但凡有助于伸张公平正义的话语，就格外能引起共鸣。作为领导者，在鼓舞士气的时候，要善用这个普遍心态。

每个人内心深处都有一个不安分的精灵

要求平等对待是人的基本愿望，人生而不平等，但是追求平等却是人人享有的权利。作为领导者，要明白你的下属都渴望被公平对待的心情，地位越是低下的人，内心这种呼声就越强烈。

每一个看过《红楼梦》的人都知道晴雯是一个"身为下贱，心比天高"的人，她并不因为自己的出身就此认命自己就是他人的奴隶，因为不安于命运的安排，而极力保护自己的人格尊严，不容许他人侵犯。

《红楼梦》第八回写道："好，好，要我研了那些墨，早起高兴，只写了三个字，丢下笔就走了，哄的我们等了一日。快来与我写完这些墨才罢！"

作为一个丫鬟，她并没有像其他人一样，所有的事情都按着主子的意思来做，喜欢了就要，不喜欢了就扔。她要求宝玉尊重她的人格，要求他做什么就做到底，不可凭性子来。试问在当时有哪个丫鬟敢这样要求自己的主子？而晴雯就恰恰是这样，这是一种不因为身份而妄自菲薄的傲骨。

《红楼梦》第二十回，宝玉点头叹道："这又不知是那里的帐，只拣软的排揎。昨儿又不知是那个姑娘得罪了，上在他帐上。"一句末了，晴雯在旁笑道："谁又不疯了，得罪他作什么。便得罪了他，就有本事承任，不犯带累别人！"晴雯是大胆的，当主子为她扣上了一个不明不白的罪过时，她为保护自己的自尊而站出来反驳宝玉，她不会因为想要息事宁人而忍气吞声。

第三十一回，晴雯撕扇更表现了她强烈的叛逆心理。

晴雯冷笑道："二爷近来气大的很，行动就给脸子瞧。前儿连袭人都打了，今儿又来寻我们的不是。要踢要打凭爷去。就是跌了扇子，也是平常的事。先时连那么样的玻璃缸、玛瑙碗不知弄坏了多少，也没见个大气儿，这会子一把扇子就这么着了。何苦来！要嫌我们就打发我们，再挑好的使。好离好散的，倒不好？"宝玉听了这些话，气的浑身乱战，因说道："你不用忙，将来有散的日子！"

袭人在那边早已听见，忙赶过来向宝玉道："好好的，又怎么了？可是我说的'一时我不到，就有事故儿'。"晴雯听了冷笑道："姐姐既会说，就该早来，也省了爷生气。自古以来，就是你一个人会伏侍爷的，我们原没伏侍过。因为你伏侍的好，昨儿才挨窝心脚；我们不会伏侍的，到明儿还不知是个什么罪呢！"袭人听了这话，又是恼，又是愧，待要说几句话，又见宝玉已经气的黄了脸，少不得自己忍了性子，推晴雯道："好妹妹，你出去逛逛，原是我们的不是。"

晴雯听他说"我们"两个字，自然是他和宝玉了，不觉又添了酸意，冷笑几声，道："我倒不知道你们是谁，别叫我替你们害臊了！便是你们鬼鬼祟祟干的那事儿，也瞒不过我去，那里就称起'我们'来了。明公正道，连个姑娘还没挣上去呢，也不过和我似的，那里就称上'我们'了！"袭人羞的脸紫胀起来，想一想，原是自己把话说错了。

　　这一段描述淋漓尽致地展示了晴雯骨子里的叛逆。纵使主子错怪你了，作为一个丫鬟，当宝玉怪罪自己把扇子弄掉时也只不过分辩两句罢了，而晴雯却有一堆的怨气非要发泄出来不可。即便宝玉说出了"横竖有散的日子"这样的话来，晴雯也没有就此低头，反而更加大胆地将袭人的不是也说了一通，闹得三个人都伤心起来。

　　你希望我言听计从，乖顺温柔，我偏要弄出个动静让大家都不得安宁；你要我领你的谦让之情，我偏要指出你的不是之处，这种强烈的叛逆是晴雯自重自尊的表现。

　　在职场中，身处底层的员工，骨子里其实都有晴雯式的叛逆。可以说，每个人的内心深处都有一个不安分的精灵，叛逆，不安于现状，不甘心命运的安排，追求平等，渴望像强者一样成功。

　　这些心底的愿望其实每个人或多或少都有，只是随着时间的流逝很多人选择了向命运妥协，于是变得老气横秋，毫无生气。作为领导者，只要用陈胜式的激励语言，唤起他们的叛逆心理，就会调动士气，向现实发起挑战。

挑战不可能就是开启命运的终极境域

　　马斯洛的需求层次理论把人的需求分成生理需求（Physiological needs）、安全需求（Safety needs）、爱和归属感（Love and belonging，也称为社交需求）、尊重（Esteem）和自我实现（Self-actualization）五类。五种需要像阶梯一样从低到高，按层次逐级递升，上一层次的需要相对满足了，就会向高一层次发展，追求更高一层次的需要就成为人们驱使行为的动力。

人之所以有不公平感，就是因为他在实现其高层次需求的道路上遇到了拦路虎：比自己更厉害的人挡住了自己的人生大道。面对权威，面对地位很高的强者，有些人退缩了，于是不公平感就转化为无用的牢骚，而有些人则勇于挑战强者，于是不公平感成功转化为前进的动力。

亚里士多德认为：不同重量的物体从同样的高处下降的速度与重量成正比，重的一定比轻的先落地。这个结论到伽利略的时代差不多近两千年了，还未有人公开怀疑过。物体下落的速度和物体的重量是否有关系？伽利略经过再三观察、研究、实验后，发现如果将两个不同重量的物体同时从同一高度放下，两者将会同时落地，于是伽利略向亚里士多德的权威观点发起了大胆的挑战。伽利略提出了崭新的观点：物体做自由落体时，不因重量而呈现不同的速度。

意大利文艺复兴时期，布鲁诺被哥白尼的日心说所吸引，开始对自然科学产生浓厚的兴趣，逐渐对宗教神学产生怀疑，他写了一些批判《圣经》的论文，并从日常行为上表现出对基督教圣徒的厌恶。经过8年的监禁，布鲁诺被处以火刑。后来，随着科学的发展，布鲁诺的学说被证明是正确的，1889年6月9日，在布鲁诺殉难的百花广场上，人们为纪念这位诚实勇敢的伟大思想家，为他树立起一尊铜像，永远纪念他的功绩。

华罗庚年少时，尚未成名，在一次阅读数学著作时，他发现了大数学家在论文中的差错之处，他并不迷信权威，经过自己的反复推算，他给大数学家去信指出差错，并最终得到了肯定。那时，他们在数学研究上的差距极大。

一次欧洲举办的指挥家大赛上，要求每一个指挥家都指挥同一支曲子，轮到了日本青年指挥家小泽征尔，他指挥到一半的时候，忽然觉得乐谱出了错，使曲子的某一段听上去不和谐。于是，他停了下来，指出了这个错误，可是每个评委都坚持说乐谱没有问题。小泽征尔重新指挥，又到了那个不和谐的地方，他又停了下来，这一次他肯定地说："不，一定是乐谱错了！"

话音刚落，评委们全站起来，鼓掌向他祝贺大赛夺魁。原来，乐谱确实错了，这是评委们精心设计的一个圈套。其实，当时并不是只有小泽征尔一个人发现了乐谱上的错误，可是他们都一带而过，不了了之，只有小泽征尔一个人以充分的自信、严谨的艺术态度，勇敢地指出了错误，所以只有他一个人获得了金奖。

…………

这些勇士的经历告诉我们，人无完人，即便是权威，也并不意味着他们所说的便是绝对的真理。只有勇于质疑，敢于挑战权威，才会发现真正的真理。这个道理应用到商业竞争中，就是说，即便竞争对手已然是行业内数一数二的品牌，但与它们竞争依然有很大的生存空间。

举个例子。说到方便面，一直被康师傅、统一两大巨头垄断。就市场领导者而言，它们的市场份额已经处于一个想升也升不了多少、相对稳定的阶段。它们维护自己所取得的优势地位，更主要的是强调防御而非进攻。况且，开辟新的领域还需要担负更多的不确定风险，比如，先驱可能成为先烈，自己栽下树却可能让别人乘了凉，但对广大需要寻找机会、空间以求生存与发展的弱势品牌来讲，却必须得进攻、进攻再进攻。

"五谷道场"作为后来者，就成功抓住并有效攻击了传统方便面的弱点，凭借"非油炸"的概念一炮走红，一度挑战了康师傅、统一的垄断地位。2005年11月，一夜间，陈宝国代言的五谷道场的广告充满了主流电视和平面媒体，"拒绝油炸，留住健康"的广告语，一下子将五谷道场放在了与康师傅、统一平起平坐的地位。

人生因为敢于挑战而变得华丽，敢不敢去挑战命运和社会规则的安排，将人划分为了三等。世上有3种人：

第一种，他们不能适应社会的准则，被社会无情地打压到最底层，他们的精神生活几乎为零，只能得到维持生命存活的基本物质条件。

第二种人，他们能够适应社会的准则，但在社会准则面前没有任何的尊严，随波逐流，在适应社会准则时，能够得到一丁点儿的好处。

第三种人，他们不但能够游刃有余地适应社会准则，而且能够在完全了解、理解社会准则后，根据自己的想法改变一部分社会准则，从而实现自身价值。他们不用为所谓的"物质财富和精神财富"而苦恼，因为他们为世人创造物质财富和精神财富。企业也是如此，因为敢于挑战而出彩，敢不敢挑战行业巨头，决定了企业苟存者、追随者、霸主的地位差异。

安于现状，生命势必处于静止状态，而敢于挑战，意味着开启命运的终极境域。领导者鼓舞士气的最狠招，莫过于鼓动下属去挑战权威，或革自己的命，或和强大的对手博弈。

● 法门 18：如何一句话让团队振作起来？

丘吉尔一生中 3 次在演说中落泪，他说了什么，打赢了第二次世界大战？

1940 年 5 月，丘吉尔上任后首先访问法国，他惊讶地得知法国即将投降，但他向法国领导人表明，即使法国被打败了，英国仍将继续战斗。丘吉尔随即下令撤出在法的英军，代号为"发电机计划"的敦刻尔克大撤退开始。在短短的 8 天中，被围困在敦刻尔克周围一小块地区的盟军奇迹般地撤出 33 万多人，英国政府号召沿海居民利用自己的小艇救援在海峡对岸的士兵，连海军部的军官们也亲自加入到救援行列。

丘吉尔在下院通报了敦刻尔克撤退成功，但也提醒"战争不是靠撤退打赢的"，之后，丘吉尔就发表了大概是二战中最鼓舞人心的一段讲话：

我们将战斗到底。我们将在法国作战，我们将在海洋中作战，我们将以越来越大的信心和越来越强的力量在空中作战，我们将不惜一切代价保卫本土，我们将在海滩作战，我们将在敌人的登陆点作战，我们将在田野和街头作战，我们将在山区作战。我们绝不投降，即使我们这个岛屿或这个岛屿的大部分被征服并陷于饥饿之中——我从来不相信会发生这种情况——我们在海外的帝国臣民，在英国舰队的武装和保护下也会继续战斗，直到新世界在上帝认为适当的时候，拿出它所有一切的力量来拯救和解放这个旧世界。

丘吉尔的这段话名垂青史，因为它蕴含的正能量实在太大：虽然处于失利的状态，但是绝不投降！

通过事例调动复仇情绪

世界上有一种最可怕的力量来自复仇心。在侠客小说中，有些侠客一辈子所做的事情就是为了报仇。让一个人去灭了另一个人，最简单的方法就是让他对对方产生仇恨，仇恨心越强，产生的击毙力就越强。当团队士气不振，出现向敌人"投降"的苗头的时候，领导人不妨通过激发成员的复仇心来鼓舞士气。

1937年9月13日至11月8日，共产党领导的八路军配合国民党第二战区组织了一次以保卫太原为目的的忻口会战。10月16日，八路军716团接到群众送来的情报：从大同方向来的日军，集结了300多辆汽车，满载武器弹药，有经雁门关往南开向忻口的企图。

"打还是不打？"在全营陷入沉默的时候，3营营长王祥发霍地站起来说："打！我永远也忘不了敌人在宁武犯下的滔天罪行：11连连部驻扎的那个院，一家8口被杀了7口，连一个不满3岁的小孩，也被刺刀活活戳死，现在只剩下一个被打得半死不活的老大娘。眼泪都哭干了的老大娘，经常拉着我们，要我们报仇。这不仅是她一家的仇，也是全中国人民的仇！"

他愈说愈气愤，脸色铁青。"我们要以血还血，为死难的同胞报仇！这是我的决心，也是我们全营同志的决心！"与会干部一听，情绪激昂，纷纷表示要把雁门关变成日本侵略军的鬼门关。

在配合政委进行战前动员时，王祥发营长有意讲了日本侵略军将一家中国人杀得只剩下一个半死不活的老大娘的事实。由于事实典型，真实可信，突出了日本侵略军对中国人民的残忍无道，所以起到了激发与会干部对日本侵略军的仇恨和对老大娘的同情、发誓要向日本侵略军讨还血债的作用。这样一来，与会干部的士气和斗志自然就高昂了起来。

当企业在竞争中不得不与强敌进行正面之争，而团队成员犹豫不决的时候，领导人可以效仿王祥发营长的做法，通过讲述以前受该对手市场挤压而不得不苟活的真实故事，成功唤起团队的"复仇心"。

以骨气换士气

如果情况不乐观，还有一种办法可以有效遏制团队的"投降"倾向，那就是通过演说唤起大伙儿的骨气和民族气节。

1939年4月8日，毛泽东在延安"抗大"的演说中谈到项羽："项羽是有名的英雄，他在没有办法的时候自杀，也比汪精卫、张国焘好得多。从前有个人作了一首诗，问他你为什么要自杀，可以到江东去再召八千兵来打天下。我们要学项羽的英雄气节，但不自杀，要干到底。"

毛主席接着又说："多少共产党员被捕杀头，还是威武不能屈，但尚有一部分叛徒起先信仰马克思主义，而且做工作，一旦威武来了，就屈服，带路杀人，什么都做。一种人被捉了，要杀就杀，这种英雄的人，中国历史上很多，有文天祥、项羽、岳飞，绝不投降，他们就有这种骨气。那些叛徒就没有这种骨头，所以平素讲得天花乱坠，是没有用的。"

1949年8月18日，他还写过一篇著名的文章《别了，司徒雷登》。在文中，毛泽东豪迈地指出：

我们中国人是有骨气的。许多曾经是自由主义者或民主个人主义者的人们，在美国帝国主义者及其走狗国民党反动派面前站起来了。闻一多拍案而起，横眉怒对国民党的手枪，宁可倒下去，不愿屈服。朱自清一身重病，宁可饿死，不领美国的"救济粮"。唐朝的韩愈写过《伯夷颂》，颂的是一个对自己国家的人民不负责任、开小差逃跑、又反对武王领导的当时的人民解放战争、颇有些"民主个人主义"思想的伯夷，那是颂错了。我们应当写闻一多颂，写朱自清颂，他们表现了我们民族的英雄气概。

多少一点困难怕什么。封锁吧，封锁十年八年，中国的一切问题都解决了。中国人死都不怕，还怕困难吗？老子说过："民不畏死，奈何以死惧之。"美帝国主义及其走狗蒋介石反动派，对于我们，不但"以死惧之"，而且实行叫我们死。闻一多等人之外，还在过去的三年内，用美国的卡宾枪、机关枪、迫击炮、火箭炮、榴弹炮、坦克和飞机炸弹，杀死了数百万中国人。现在这种情况已近尾声了，他们打了败仗了，不是他们杀过来而是我们杀过去了，他们快要完蛋了。留给我们多少一点困难，封锁、失业、灾荒、通货膨胀、物价上升之类，确实是困难，但是，比起过去三年来已经松了一口气了。过去三年的一关也闯过了，难道不能克服现在这点困难吗？没有美国就不能活命吗？

以骨气换士气这一招，可供民族品牌备战洋品牌时鼓舞士气使用。海尔、"爱国者"等打着民族品牌的旗号，当时就很是鼓舞人，不仅让团队拧成一股绳，还让消费者自发掏了腰包。事实上，几乎所有的领导人都可以用到这一招，因为现在的市场竞争已经打破了国界，几乎每个行业的本土企业，都必须面临来自全球各地的各大品牌的市场压力。

● 法门 19：如何一句话稳定人心？

恺撒大帝说了什么，奠定了其罗马帝国无冕之皇的地位？

有一次征战途中，船遭遇暴风雨，撑船的人非常担心，恺撒大帝说："担心什么？！你是和恺撒大帝在一起。"大家立马心生平静。

喜欢恺撒大帝的人都很迷他的一句名言："我来，我见，我征服！"这句话很简单，之所以会成为名言，是因为其背后有这样一个故事：恺撒大帝率军去攻打强大的敌人，刚刚出去不久，元老院就接到了恺撒的捷报，而这份捷报没有华丽的铺垫，没有虚假的问候，只有这样一行字，拉丁语为："Veni, vidi, vici。"翻译成中文就是：我来，我见，我征服。言简意赅，霸气十足。

恺撒大帝在对高卢的征战结束后，元老院畏惧恺撒的权威，要求他根据罗马的法律，在意大利边境的卢比贡河岸边解散军队，否则将宣布恺撒为人民公敌，恺撒大帝在河边犹豫了一下，然后一口气冲到了河对岸，对着自己的军队高喊："色子已经掷下，就这样吧！"于是，他成了罗马第一位敢带着军队返回罗马的将军，也由此拉开了内战的序幕。

恺撒大帝对死亡的看法格外淡然，在他被刺杀的前一个晚上，他在自己的部将家里吃饭，他问大家哪种死法最好，大家纷纷发表了自己的看法，而恺撒大帝却说："突如其来的死是最好的死法！只有无用之辈才会惜命如金，遇难时诚惶诚恐，一个为祖国而战的人，虽死无怨！"

恺撒大帝还说过很多诸如此类的名言：**"恺撒不怕危险，因为恺撒比危险更危险！"**

这些名言无不验证了一点：伟人都有着不容置疑的自信！正是这种近乎霸气的自信，让周围的人都觉得他是一个值得追随的人，当危险来临时，就会觉得有他在一切都不用害怕。恺撒能够成为罗马帝国的奠基者，一个重要的原因就在于他散发出来的个人魅力和吸引力，让跟随他的团队的士气始终很旺盛。

危机是考验人的一面镜子。有一句话说得好，人这一辈子，顺风顺水的时候高歌猛进，那根本不算本事，逆风逆水走背字的时候，你能保持正常的心态，想出路，而且临危不乱，那才叫有本事。遗憾的是，很多人在危机面前，都无法做到临危不乱，要么表现得忧伤，要么表现得激动，要么显得很疲惫，在这 3 种情绪的影响下，人的行为最容易失控。

人心齐，泰山移，人心散，没法干。当公司遇到失败时，领导者首先要保持镇定，临危不惧，并且不要因失败而感到沮丧。想一想，如果一家公司的领导者都灰心丧气了，那么底下的员工该怎么办？一旦连领导者都不相信自己的公司会渡过难关，何谈员工呢？因此，如果你是一位领导者，要记住：你就是方向，你的一举一动都牵动着员工的心。

所谓的领导，就是在享受特权的同时，承担起更大的责任，在风险或危机来临时，有勇气站出来，展示你敢于担当的一面。

有人说，是"9·11事件"成就了纽约前市长鲁道夫·朱利安尼，实际上，朱利安尼在上任之初曾花了1年多的时间做危机管理这门功课，诸如生化武器或炸弹攻击等，并且反复检讨与练习，他的领导才能很早就已经表现了出来。因此，"9·11事件"的发生虽然出人意料，但在发生时，他能够坚强理智地带领着纽约市民走过这场前所未有的变局。

"9·11事件"发生后，朱利安尼第一时间就站出来了，他说："我必须露面，我是纽约市市长，我应对危机的方法就是亲临现场并掌控局面。如果我没在电视上出现，对这个城市将更加不利。"简单朴实的话语却充满了力量，市长勇于担当的精神安抚了面对恐怖袭击惊慌失措的人群。

很多时候，生命和崇高的责任是联系在一起的，尤其是当一个人站在风口浪尖时，更能看出他的责任感、使命感和勇于担当的气度。

"我相信自由，也相信自由和责任是并行不悖的。""我相信世上每一个人都有义务去维护人类的尊严。""我相信帮助他人对社会有所贡献，是每一个人必要的承担……"金融危机爆发的时候，在北京人民大会堂，李嘉诚一口气用了8个"我相信"，来勉励300多位即将从长江商学院毕业的 EMBA 和 MBA 学员。

在他的引领下，长江商学院 EMBA/MBA 的毕业典礼，看起来更像是一场企业家关于社会责任的集体宣言。李嘉诚认为，一个有使命感的企业家，在捍卫公司利益的同时，更应重视以努力的姿态、正确的途径谋取良好的成就。李嘉诚曾3次亲自向长江商学院的同学传授他几十年从商的宝贵心得，他告诉这些中国企业界的精英，不仅要懂得"管理的艺术"与"赚钱的艺术"，更要学会对社会对人类应有的"奉献的艺术"。

李嘉诚以自己的行动来告诉这些学员什么是"奉献的艺术"。他创建了李嘉诚基金会，把它称之为自己的"第三个儿子"。李嘉诚的这种责任心和担当精神，让很多跟着他的人心里很踏实，让膜拜他的人很服气。

承担，才会成长。有担当的领导才有引领人的气质，有担当的企业才会有更多的赢利机会。企业在享受经济发展成果的同时，必须直面经营风险并承担相应的责任，但遗憾的是，现实中一些企业欠缺道德自觉，千方百计逃避责任，极力将风险和损失转嫁到员工头上。跟着这样的老板混，员工始终是不踏实的，上班自然也就没有精气神，而这种老板早晚要吃大亏，只有那些有担当的领导才能让企业"长寿"。

第7章

一语定乾坤：
打动人心

　　演说家罗素·康威尔认为，成功的沟通，有赖于演说者使他的演讲成为听众的一部分，也使听众成为他演说的一部分。实现台上台下内心的共鸣是公众演说的基本要求，可台下听众的注意力又是最容易被各种事物分散的，领导者在进行公众演说时，如何一句话抓住听众的注意力，进而打动他们的心呢？其实只要掌握几点演说魔法，台上台下就可以一起见证奇迹的发生。

● 法门 20：如何一句话吸引听众的注意？

"苹果教主"乔布斯每次演说一定要用的技巧是什么？

乔布斯曾在美国斯坦福大学毕业典礼上发表过演说，题目叫"被苹果公司解雇是最棒的事情"，在这次演说中，他赢得了很多掌声和尖叫声。

乔布斯说："斯坦福大学是世界上最好的大学之一，今天能参加各位的毕业典礼，我备感荣幸。我没有从大学毕业，说句实话，此刻算是我人生中离'大学毕业'最近的一刻了。"台下响起掌声和大笑声。

他说："当时，我的人生漫无目标，为了念书，还花光了父母毕生的积蓄，所以我决定退学，我相信车到山前必有路。做这个决定的时候，我非常害怕，但现在回头去看，这是我这一生中做出的最正确的决定之一。"台下笑声一片。

他说："当时我并没有看出来，但事实证明，我被苹果公司解雇是我这一生所经历过的最棒的事情。"台下响起掌声和笑声。

他说："在经历了这次与死神擦肩而过之后，死亡对我来说只是一项有效的判断工具，并且与只是一个纯粹的理性概念相比时，我能够更肯定地告诉你们以下事实：没人想死，即使想去天堂的人，也希望能活着进去。"台下又响起一片掌声。

…………

美国总统奥巴马在悼词中将乔布斯称为"美国最伟大的创新领袖之一"。乔布斯非常重视产品领域的创新，在公众演说方面，他也不忘创新，"退学是最正确的决定""被解雇是最棒的事情""没人想死，即使想去天堂的人，也希望能活着进去"，在进行公众演说时，他会时不时地抛出一些新颖而奇特的观点，也正因为如此，他的整场演说掌声不断、笑声不断，台下听众都被乔布斯深深打动了。

鼓励"喜新厌旧"，拒绝"陈词滥调"

"求新好奇"是一般听众所共有的心理规律，"陈词滥调"只会让他们心生反感，听这样的演说会让他们产生浪费时间的感觉，他们追求标新立异、新颖独特的观点和语言。这就需要演说者能够做到"喜新厌旧"，讲出全新的内容、全新的道理，唯有如此，才能虏获听众的"芳心"，吸引听众的注意，激发听众的情感，让听众信服。

乔布斯的演说从亲身经历的角度表达了一种全新的感受，让听众很是认可，除此之外，我们还可以从阐述新观点的角度带给听众耳目一新的感觉。

爱国将领冯玉祥的公众演说能力非常突出，他对自己的队伍要求非常严格，他要求所有人身穿布衣，主张生活要俭朴。有一次，同在一个驻地的其他官兵嘲笑冯玉祥的官兵穿得破破烂烂，花钱抠抠搜搜，像是"孙子兵"，官兵们听了很恼火，差点儿打起架来。冯玉祥了解了事情的原委后，觉得放任不管的话，会影响队伍之间的团结，于是，他集合官兵，进行了一次训话：

第四混成旅的兵骂我们是'孙子兵'，听说大家很生气，可是我倒觉得他们骂得对。按历史的关系说，他们的旅长曾做过二十镇的协统，我是从二十镇里出来的，你们又是我的学生，算起来你们不正是矮两辈吗？再拿衣服说，缎子的儿子是绸子，绸子的儿子是布。现在人家穿缎子，我们穿布，因此他们说我们是'孙子兵'，不也是应当的么？不过话虽这么说，若是有朝一日开上战场，那时就看出谁是爷爷，谁才是真正的孙子来了。

冯玉祥说到这里，把官兵们讲得都笑了起来，不再有人生气了，之前有报复心理的人也都放下了。

官兵们大都是文化程度不高的人，冯玉祥想把这次冲突压下去，如果从组织团结、包容大度、军法军纪的角度讲，相信没有一个人能听得进去。冯玉祥另辟蹊径，他出人意外地选择了承认"孙子兵"

的角度，并从两个客观事实为"孙子兵"找到了正当理由，让"孙子兵"听上去顺理成章，十分合理，最后，他提出大家战场上见真章，士兵们就彻底抛开了"孙子兵"这3个字里蕴含的耻辱，而是把它当成了一种激励。冯玉祥对"孙子兵"进行了全新的解读，出奇出新的观点和角度，让士兵们成功地接受了将军的规劝。

在演说中，如果针对的是一个陈旧的主题，这时我们不妨选用一些新颖别致的材料，它能让主题变得生动鲜活起来，带给听众不一样的体验。

在一场主题为"自信"的演说比赛中，有位演说者脱颖而出，一举夺魁，他演说的题目是"我是拿破仑的孙子"，其演说的主体部分是这样的：

亨利在30岁的时候，还是一个失意的美国移民，靠失业救济金生活，他整天躺在公园的长椅上，感叹命运的不公，无所事事。有一天，他的一位朋友带来一个消息："我看到一篇文章，说拿破仑有一个私生子又生了一个儿子，他的全部特征都跟你相似：个子矮小，讲一口带法国口音的英语。""真是这样吗？"亨利半信半疑，但他还是愿意把这一切当作真的，"我真的是拿破仑的孙子。"

渐渐地，这个挥之不去的意念使他的整个人生发生了改变，以前亨利因为个子矮小而充满自卑，现在他却因此而自豪：我爷爷就是靠这种形象指挥千军万马的。以前他总觉得自己的英语发音不标准，像个乡巴佬，现在却因自己带一点儿法国口音而感到骄傲。凭着自己是拿破仑孙子的信念，他克服了种种困难，终于成了一家大公司的董事长。

后来，他调查自己的身世，发现自己并不是拿破仑的孙子，但亨利并不感到沮丧，他说："我是不是拿破仑的孙子并不重要，重要的是我心中有了'拿破仑的孙子'的自信，它让我成功了。"

自信是一个很老旧的主题，自信改变命运也是一个很老旧的观点，可这位演说者却给出了"我是拿破仑的孙子"这样一个新颖的主题，进入了听众的心窝。

创新是演说生命力的源泉

只有创造之花才有永开不败的美丽，如果演说中充斥的尽是人云亦云的陈词滥调，无论你再怎样振振有词，可能都只会引起听众的反感。相反，如果演说能让人耳目一新，则很容易就能吸引人、抓住人、打动人。演说中我们追求出奇出新，要做到：

其一，观点要出新。

观点是演说的灵魂，观点表述的创新是演说生命力的源泉。这就需要演说者掌握创新思维的方法，提出新颖而富有吸引力的观点。

其二，老话新说。

在市场营销中，旧瓶装新酒会给人耳目一新的感觉，同样，同一个正确的观点，换一种新颖的表述方法，同样是演说中创新的一种途径。

其三，破旧立新。

所谓破旧立新就是在否定、破除旧的观点之后，提出与旧观点相反或相对的新观点。对于大家都认可的旧观点，如果演讲者能从否定的角度提出新的观点，就会产生语出惊人、震撼人心的特殊效果。

● 法门 21：如何一句话激起情感共鸣？

赵本山说了什么，打动亿万观众，成为"春晚之子"？

赵本山自 1990 年首次上春晚，到现在已经有二十几年，除了一两年因特殊原因缺席外，赵本山几乎年年出现在年三十的春晚舞台上，他曾经连续 9 次蝉联"小品王"，也被誉为"春晚之子"，在很多观众的心目中，没有赵本山的春晚就会变为一道没味的菜。

赵本山的艺术怎么这么讨人喜欢，这么让人垂青？是赵本山的扮相出奇吗？不是，连赵本山都说自己的脸型是典型的"猪腰子脸"。是赵本山的体态迷人吗？更不是，不管他穿不穿马甲，他都是典型的东北汉子。原因到底是什么呢？

搞过对象的人都知道，一般情况下，说出"傻样"这个词，这事基本就成了百分之八十了！

猫走不走直线，完全取决于耗子。

在村里给寡妇挑水，在外头给寡妇捐钱，这辈子就跟寡妇有缘！

一个珍藏很久的秘密，其实我姥爷也姓毕。

…………

从赵本山这些经典小品的台词中，我们可以看出两个字：真诚。赵本山幼年丧母，跟着盲二叔艰难生活，从最底层的街头艺人一步步成长起来，这使得他的身上充满了乡土气息。赵本山形象淳朴、语调自然，语言朴实、大众化，他站在舞台上，观众看到的不是一个演员，而是街坊邻居、叔伯大爷。他就像是我们身边的一个普通人，他演的也正是我们身边的人和事，不论是农村人还是城里人，不管是普通百姓还是政商界领袖，大家都能从他的身上看到熟悉的影子。贴近大众的真实形象、诚实可信的真诚表演，使得赵本山赢得了许多观众的青睐。

真诚是打开心灵的钥匙

美国有线电视新闻网著名的脱口秀主持人拉里·金，被美国总统奥巴马称为"广播界的一名巨人"，他是美国公认的主持奇才，在主持《拉里·金现场》的 25 年间，他共采访过上至总统下至平民等 5 万余名社会各界人士，在世界广播电视界创下了主持"同一频道、同一时间、同一节目"最长的历史纪录，堪称世界广播电视谈话节目发展史上的传奇。但很多人不知道的是，拉里·金第一次做电台主持时，表现得并不像他后来那样好。

"早安！这是我第一天上电台，我一直希望能上电台……我已经练习了一个星期……15 分钟之前他们给了我一个新名字……刚刚我已经播放了主题音乐……但是，现在的我却口干舌燥，非常紧张。"拉里·金结结巴巴地说了一长串，却还没进入主题，这次播音结束后，拉里·金觉得"这个节目完蛋了"，可出乎他的意料的是，听众并没有因为他初来乍到表现很紧张而厌恶这个节目，而是纷纷表示他的节目很真诚。

　　"只要能说出心里的话，人们就会感受到你的真诚"，拉里·金慢慢地摸索出了这个道理，并在以后的工作中坚持下去。后来，拉里·金写了一本有关沟通秘诀的书，书名叫《如何随时随地和任何人聊天》，他在书中强调这样一句话："投入你的情感，表现你对生活的热情，然后，你就会得到你想要的回报。"这是拉里·金在奋斗的道路上所体悟出来的成功秘诀，它也是每一位用心经营自己的人最为有用的成功指南。

　　真诚是打开心灵的钥匙，在与人沟通中，真诚可以化解双方之间的矛盾；真诚可以浇灭对方的怒火；真诚可以赢得对方的好感；真诚可以获得对方的信服。真诚的关怀，温馨芳香；真诚的赞扬，催人向上；真诚的交流，获取信任；真诚的合作，赢得成功。人与人相处靠的就是真诚的心灵沟通，只要多一点儿真诚，少一点儿伪善，人与人的关系就会变得非常和谐。

向孩子学习真诚

现代社会很多人总觉得累，那是因为你不真实，戴的面具太多，背的包裹太多，远离了真相，偏离了轨道，自然会累。我们应该向孩子学习，他们是最真的、最纯粹的，他们的所有表现都是自然的，都是受天性支配的，笑，源自发自肺腑的欢乐。哭，源自痛彻心肺的悲伤，不掩饰，不做作。够真，就够自在，所以，孩子从来不觉得累，他们的精力是最旺盛的。

"真"是生命的本性，凡是不真的人都很难有大成，与人交往时，真诚才能赢得朋友，发表公众演说时，真诚将是打动人心的力量。

其一，讲自己的故事。

很多人在发表公众演说时，不喜欢讲自己的故事，他们认为这会暴露自己的缺点和不足，让听众看低自己，这就大错特错了。把你自己的故事讲出来，把你最真实的一面展现给听众，会把你和听众的心连接起来。暴露出来的缺点和不足不会成为听众质疑你的把柄，反而会引起他们的共鸣，因为每个人都犯过错误。人们都喜欢跟随那些曾经经历过苦痛和失败的领导者，因为他们会从这样的领导者身上看到希望，并学习到从失败中爬起来的经验。

其二，表达真实的情感。

很多人在发表公众演说时，不喜欢直接表达自己的情感，他们觉得对厌恶的事情表现出愤怒，对高兴的事情表现出欣喜，会有损自己在听众心目中的权威形象。其实事实截然相反，"感同身受"是联系人心的纽带。如果你有意识地将情感融入你的观点中，听众会觉得你不刻意、不做作，更真诚，听众将更容易且更乐意接受你的观点。当演说激起了听众情感上的共鸣，演说就真正地进入了他们的心里。

● 法门 22：如何一句话获得听众的喜爱？

俞敏洪说了什么，使他成了中国最富有的老师，个人资产超过10 亿元，进入了中国富豪排行榜的前 100 名？

俞敏洪，新东方创始人，他在哈佛大学和耶鲁大学的号召力几乎超过了中国任何一位大学校长，《时代周刊》对他的描述是：这个一手打造了新东方品牌的中国人是"偶像级的，像米奇或者小熊维尼之于迪士尼"。为什么说他是偶像级的呢？一切源自俞敏洪风趣幽默的语言风格。

我大学里没有谈过恋爱。我喜欢所有的女孩子，可是没有一个女孩子喜欢我，对一个男人来说，这是摧毁性的打击。我的妻子是我在北大教书时认识的，她当时是德语系的系花。我们的认识开始于图书馆，当时我已经跟踪她 3 个月了，但我不懂怎样追女生，只能每天跟着她去图书馆上自习。她把书包放在了外面存储物品的地方，我在离她不远的地方坐了下来，一直盯着她看。

图书馆突然停电，一片漆黑，我当时欣喜若狂。黑夜给了我力量，我掏出打火机——爱情的火种，"嗒"的一声响之后，我走到她的面前问她要不要帮她找书包。黑暗中唯一的光源照亮了我和她的姻缘之路，3个月的跟踪终于有了成果。

后来，1986年的一天，在颐和园的湖面上划船时，我向她表白了。那时由不得她了，因为船在水中央，她若是不答应，我就拉她一起跳入水中。她不得不接受我了。

俞敏洪在发表公众演说时，经常提到自己的罗曼史，台下坐着的都是年轻学子，他的这种诙谐幽默又带着点儿自嘲的表述方式一下子拉近了台上台下的距离，每次都会赢得台下的热烈掌声。俞敏洪的这种演说方式，使得他成为年轻人的偶像。

在年轻人的心目中，这个偶像不是高高在上的，而是就在身边，是触手可及的，因此，很多年轻人在学英语的时候，会热衷于选择偶像的学校，并且会积极地邀请和游说身边的人一起追随偶像的脚步。这成为新东方快速发展的根本。

机智幽默是打动人心的最佳方式

有这么一句格言："人们有着一颗快乐的心好比怀藏着一只药囊，可以治疗心理上的百病。"在说服别人的过程中，你的观点可能会让对方难以接受，尤其对方是你上级的时候，你反对他的观点难免有忤逆的嫌疑。这个时候，如果使用幽默的表达方式，则能让对方愉快地接受你的反对意见。

2003年1月，时任微软中国区总裁的唐骏接到比尔·盖茨的电话，称盖茨将于2月8日访华，让唐骏做好准备。兴奋的唐骏放下电话一看，盖茨拟定访华的时间正好是春节大年初三，中国的政府官员、企业员工都放假了，盖茨来华行程根本没法安排。

唐骏向盖茨请求改期，而盖茨说："难道你不知道我的行程早在一年前就已经安排好了吗？"唐骏见信回复道："我知道您的行程是一年前就安排好的，可是中国的春节是五千年前就安排好的啊！"盖茨看信后，决定将一年前安排好的访华时间推后20天，临时改变计划，这对比尔·盖茨来说是第一次。这就是幽默的魔力。我想当西方的管理者遇到东方式的幽默智慧时只会想到两个字——"无语"。

老舍说过："幽默者的心是热的。"人人都喜欢同机智风趣、谈吐幽默的人交往，而不愿同动辄与人争吵或抑郁寡欢、言语乏味的人相处。幽默的语言能使矛盾的双方摆脱困境，使僵局"冰释"，使一个窘迫难堪的场面在笑语中被打破。

在担任《正大综艺》节目主持人时，杨澜曾被邀请到广州市天河体育中心担任演出的主持人。晚会演出到中途时，她在下台阶时摔了下来。出现这种情况，确实令人难堪，但杨澜非常沉着地爬了起来，凭着她主持人特有的口才，对台下的观众说："真是人有失足，马有失蹄啊。我刚才的狮子滚绣球的节目表演得还不熟练吧？看来这次演出的台阶不那么好下呢！但台上的节目会很精彩，不信，你们瞧他们。"

杨澜这段自我解嘲式的即兴演讲非常成功，不但使自己摆脱了难堪，更显示了她非凡的口才，她话音刚落，会场就立刻爆发出热烈的掌声。

制造幽默，锦上添花

幽默可以让你的口才锦上添花，可以让你在发表公众演说时获得更多人的喜爱，可我们应该怎样把幽默注入语言中，以达到"一语定乾坤"的效果呢？

其一，自我解嘲。

美国幽默作家罗伯特主张以自己为幽默对象，或者说"笑话自己"，这是制造幽默的最安全的方式。演讲者不妨把自己的长相、做过的蠢事、生活遭遇等当成嘲笑对象，你是最了解自己的人，素材肯定是充分的，再加上夸张一点儿的表述，就会收到神奇的效果。很多时候，自嘲自讽，不会让听众看低你，反而会显得你豁达而自信。

其二，绕弯子说话。

有些时候因为特定环境不容许你直接讲真话，这时候你运用幽默的语言就可以达到目的。绕个弯子，既能迂回委婉地表达自己的意思，又能引得对方会心一笑，觉得你是一个幽默风趣的人。

其三，偷换概念。

大家对固有的知识都有一些常识性的认知，如果你能创新性地偷换概念，以一种"大智若愚"的姿态讲出来，就能达到很幽默的效果，让平淡无奇的演说焕发出别样的光彩。不过，要注意的是，偷换概念后，你一定要能自圆其说，如果引发了歧义，那就不是幽默，而是灾难了。

● 法门 23：如何一句话引人入胜？

为什么林肯是美国历史上最伟大的总统？他毕生演说的核心是什么？

前文提到，林肯在葛底斯堡时的演说，被称为世界上最伟大的演讲，它的一个显著的特征就是简洁。在当天的典礼上，美国最大的雄辩家爱德华·爱贝列德（哈佛大学校长、美国前任国务卿）是主角，典礼执行方为他留出了两个小时做一场大演说。当时的听众有 3 万人左右，大家一直在倾听这位雄辩家的演说，演说到了最后，有一些人感到厌倦，中途退席了。爱德华·爱贝列德的演说结束后，林肯上台了，他的演说只有短短的 5 分钟，还没等到摄影师对好焦距，演说就结束了，可台下却爆发出热烈的鼓掌和欢呼。

林肯的演说从独立宣言中"所有的人都是被平等地创造出来的"的语句开始，然后明快地说明了所有活着的人都应该献身于美利坚合众国以及这个国家的种种高远的理想，最后说出了"民有、民治、民享的政治"的箴言。语言简洁，却字字珠玑，在场的人都被深深感动了。爱德华·爱贝列德本人后来在致林肯的信中就曾谦虚地说："我的两个小时演说，如果能多少接近阁下 5 分钟演说的要旨，我将感到十分荣幸。"

一个是两个小时的演说，听到最后，有些人忍不住离开了。一个是只有 5 分钟的演说，但演说结束后，全场雷动。两相对比，我们可以清楚地看出简洁的力量。

海因兹·雷曼麦在其著作《演说学》中指出：在一场演说中，不要期望得到太多，宁可只给人一个印象深刻的思想，也不要给人 50 个让人前听后忘的思想。**宁可牢牢地敲进一根钉子，也不要松松地按上几十个一拔即出的图钉！**据一项专业调查显示，人的记忆大多一次只能记住 4 个条目。

演说者千万不要犯一次给予听众太多信息的错误，你强迫听众一次记住太多的信息，只会让他们反感。就算记住了，他们也会很快忘记大部分信息，这会让他们感到沮丧。演说者发表演说时，不要试图尽可能多地传达信息，只要挑几个最有用的，并对其进行重点介绍就行，如果听众能够接受哪怕一点儿，他们都会觉得这是一次让他们有所触动的演说。

复杂的终极境界是简单

把简单的事情复杂化了，很可能会收到相反的结果。

日本顶级保险推销员原一平在刚开始开展推销工作时，就曾经犯下类似的错误。有一次，原一平到一位年轻的小公司老板那里去推销保险，进了办公室，他便赞美年轻老板：

"您如此年轻，就做上了老板，真了不起呀，这在我们日本是不太多见的。能请教一下您是多少岁开始工作的吗？"

"17 岁。"

"17 岁！天哪，太了不起了，很多人在这个年龄时，还在父母面前撒娇呢，那您什么时候开始当老板呢？"

"两年前。"

"哇，才做了两年的老板就已经有如此气度，一般人还真培养不出来。对了，你怎么这么早就出来工作了呢？"

"因为家里只有我和妹妹，家里穷，为了能让妹妹上学，我就出来干活了。"

"你妹妹也很了不起呀，你们都很了不起呀。"

就这样一问一夸，最后夸到了那位年轻老板的七大姑八大姨，越夸越远了。本来，刚开始，这位老板听到几句恭维话后，心里很舒服，可是原一平说得太多了，搞得他由原来的高兴变得不胜其烦，他本来已经打算买原一平的保险了，结果也不买了。原一平擅用恭维的技巧赢取了对方的好感，结果因为恭维得太多反而引起了对方的厌烦，起到了相反的效果。

把复杂的事情简单化，事情很可能会变得很顺利。

有一次，爱迪生让助手测量一个梨形灯泡的容积，助手接过后，立即开始工作，他一会儿拿标尺测量，一会儿又运用一些复杂的数学公式计算，几个小时过去了，他还是没有计算出来。就在助手又搬出大学里学过的几何知识，准备再一次计算灯泡的容积时，爱迪生进来了。

他拿起灯泡，朝里面倒满水，递给助手说："你去把灯泡里的水倒入量杯，就会得出我们所需要的答案。"助手这才恍然大悟。简单就是高效！演说者发表演说时，把复杂的事情简单化，会让人更容易理解，更容易接受，大大降低相互之间的沟通成本。

杰克·韦尔奇在《哈佛商业评论》的一个采访中说过这样一段话：

缺乏安全感的经理制造复杂。受惊吓的紧张的经理使用厚厚的令人费解的计划书和热门的幻灯片，里面填满了他出生以来知道的所有东西。真正的领导者不需要混乱。人们必须自信，保持清晰、简洁，以确保他们组织中的每个人（从最高层到最低层）理解业务目标。

但是这不容易。你无法相信让人们变得简单是多么困难，他们是多么害怕变得简单，他们担心如果他们变得简单，人们会认为他们头脑简单。当然，实际上刚好相反，思路清晰、注重实际的人是最简单的。

很多商业人士总觉得，华丽的辞藻会让他们看上去机智、复杂和重要，殊不知，事情完全朝着相反的方向发展，华丽的修饰只会使事情复杂化，增加沟通的成本。

乔布斯的简单哲学

乔布斯可谓是简单的最忠诚崇拜者，在他的手中，简单是苹果设计的唯一原则。在演说中，乔布斯也时时强调简洁，他的一些演说方法为我们提供了很好的借鉴。

其一，使用短标题。

乔布斯每次演说的标题都很具体、很好记，而且最大的优点就是简短。

我们讲话的目的是让别人理解、接受自己的观点，而不是把听众搞迷糊。将原本复杂的情境描述凝练成简约的句子，会让你的观点更具说服力。

其二，摒弃所有术语。

乔布斯的演说中很少出现不知所云的术语。

在演说中，我们应该先考虑这个问题："这个创意、这条信息、这件产品、这种服务和我的听众有什么关系？"理清了产品与听众的关系，然后从听众的角度把这件事说清楚就好。要知道，听众关

第7章

一语定乾坤：
打动人心

心的只会是这个手机能带给我们什么样的使用体验，而不会去关心这个手机的每个配件是如何辛苦制造出来的。

其三，简化PPT。

乔布斯在演说中使用的幻灯片跟苹果的产品设计一样，自然简约、引人入胜。

在演说过程中，很多人常常把幻灯片等同于讲稿，事无巨细地罗列了演说涉及的所有问题，这样的做法很容易引导听众去阅读PPT，听众的注意力放到了阅读上，就不再有精力与演说者进行互动，这种演说往往显得沉闷机械，听众很难被感染。幻灯片的作用是辅助、深化，它应该是导向性的，它的表现形式应该直观、明了。

第8章

一语定乾坤：促成合作

演说的终极目的是说服。在关键场合，这种说服可以直接转化成销售额，转化成风险投资，转化成价值百万的合作意向书。领导者如何借助这种说服的力量，一句话促成合作呢？掌握一些技巧，将会为你和对方达成合作意向踢上"临门一脚"。

● 法门24：如何一句话牵着别人的鼻子走？

为什么，孙正义仅考虑了 6 分钟，就决定向一无所有的马云投资？马云到底说了什么，6 分钟获得前亚洲首富孙正义 2000 万美元的投资？

1999 年 10 月，一个朋友找到马云："软银的孙正义正在北京，想见你，你愿意见他一面吗？"马云单枪匹马去赴会。马云的开场很出乎孙正义的意料，他说："我不需要钱。如果你有兴趣，我可以给你介绍一下阿里巴巴的情况。"

孙正义当时还没有看过阿里巴巴的网站，他的助手打开电脑将阿里巴巴网站调了出来，马云现场做介绍。6 分钟后，孙正义说："马云，我一定要投资阿里巴巴。"马云刚回到杭州，孙正义的代表团也到了，他们在马云的公司东瞅瞅，西瞧瞧，然后回去了，马云也没把这件事放在心上。

没过多久，一个朋友给马云带话："孙正义在问手下怎么还没有谈妥投资的事，他邀请你们到东京去，想亲自和你们谈。"马云和同事到了东京，双方一见面，孙正义单刀直入："我们怎么谈？"马云的回答又很出乎他的意料："钱不是问题，但你必须同意我的3个条件。第一，我们希望你亲自做这个项目。第二，你要把自己口袋里的钱投到阿里巴巴。第三个，涉及公司的运作，必须以客户为中心，以阿里巴巴的长远发展为中心，不能只顾风险资本的短期利益。"

后两个条件，两人很容易达成了一致，第一个条件就有点儿难了。要知道，孙正义投资了很多公司，每天都很忙，他很难抽时间去参与对投资项目的管理，也很少有公司提出让他亲自去参与项目。看着一脸坚定的马云，孙正义想了想，做出决定："你们是新创公司，我就去做你的顾问吧。"不到10分钟，双方就达成了合作协议。2000年1月，双方正式签约，孙正义投入2000万美元帮助阿里巴巴拓展全球业务，同时在日本和韩国建立合资企业。

2000万美元对马云来说，就这么简单、这么容易搞到手了，这里面的原因有很多，马云的团队好，马云的项目好，还有一个原因不容忽视，那就是马云的口才好。在好不容易有一个机会见到孙正义的时候，马云的开场却很出乎孙正义的意料，"我不需要钱"，简单的几个字就让孙正义耳目一新，"你必须同意我的3个条件"更是超出了孙正义的预期。

孙正义作为一个投资天使，他投资的项目很多，见得最多的是别人对他口袋里的金钱的渴望和摇尾乞怜的低姿态，而马云却以完全不一样的面貌出现，他立刻对马云产生了兴趣，后面自然而然地就接受了马云提出的条件。

凡战者，以正合，以奇胜

《孙子兵法》说："凡战者，以正合，以奇胜。故善出奇者，无穷如天地，不竭如江河。"这句话是说，打仗都是以正兵交战，以奇兵制胜。善于用奇者，他的计谋便如天地万物般无穷无尽，似江河湖海般长流不息。同样的道理适用于演说，在与人对话时，出奇，出新，打破对方的语境期待，带给他不一样的感受，他就会进入你的语言轨道，轻易地接受你的合作意向和工作建议。

某位将军在战场上攻无不克，战无不胜，受到万人敬仰，不过这位将军天性凉薄，不喜欢与人亲近。谋士甲找到这位将军，见面后，竖起大拇指称赞他："你真是位了不起的军事家。"将军无动于衷，没有听他说完几句话，就离开了。谋士乙找到这位将军，见面后，他也竖起大拇指称赞："将军，您的胡须可真美，简直能与美髯公相媲美。"将军听完，孩子般地笑了，他视谋士乙为知己，拉着他坐在自己身边，让他成了自己的近臣。

同样都是称赞，为什么会有两种截然不同的结果？打胜仗对将军来说是最为平常不过的事了，他天天被人恭维军事方面的才能，耳朵都长茧了，自然会对谋士甲的话无动于衷。而他的胡须，将军一直悉心照料，内心里一直跟偶像美髯公比美，却从来没有人注意到，谋士乙的一句话自然让他如逢知己。

心理学家指出，人最容易被新鲜事物所吸引。因此，采用一种异乎寻常的方式与人谈判，往往会收到意想不到的效果，博得对方的欢心，顺利达成自己的目的。

央视主持人白岩松深谙不按常规出牌、打破别人的语境期待，进而打动人心的道理。一次，他去采访一位知名学者，老学者正卧于病榻，满脸不耐烦，对采访并不热心，白岩松如果按照采访提纲问下去，老学者肯定会一两句话应付完了事。怎么办呢？

白岩松脑子一转，有了计策，他放弃了关于老学者在学术上的研究的相关话题，转而提出了一个完全不相关的话题："听说您当红卫兵时，得到了毛主席的接见，鞋子都被挤掉了，当时是怎样一种情况呢？"这个话题一提出，老学者的脸上立刻焕发出了别样的光彩，年轻时候的美好记忆一下子涌了上来，他开始兴致勃勃地谈自己之前的经历，竟一口气谈了好几个小时。就这样，白岩松顺利地完成了采访计划。

白岩松通过间接的方式提及了对方的一段美好人生经历，这是对方始料不及的，因而引起了对方的浓厚兴趣，白岩松出奇制胜地达到了采访的目的。

因人而宜、因人而异

谈判桌是一个小型的战场，坐在谈判桌两边的人都想成为赢家，实力是决定谈判胜败的一个关键因素，除此之外，谈判技巧对谈判本身也有着决定性的意义。处处被别人牵着鼻子走的人，将很难在谈判中占上风，不过，掌握主动权也绝不是不切实际地凌驾于对方之上，强迫对方同意你的观点。

这就需要谈判者能因人而宜、因人而异，先站在对方的角度思考问题，关键时刻，不妨使用打破对方的语境期待、出奇制胜的招数，使谈判结果朝着好的方向发展。这就需要我们能够做到以下两点：

其一，不打无准备之仗。

如果白岩松对老学者的经历没有一点儿了解，那他就不会找到"红卫兵"这个切入点。因此，在谈判前一定要做充分的准备，对对方有充分的了解，这样才能抓住对方的软肋，有的放矢。

其二，以共赢为前提。

谈判就是双方坐下来互相妥协的过程。在双方利益对立的情况下找到一个平衡点，哪方取得了谈判的胜利，利益的平衡点就更倾向于哪方，所以谈判的出发点应该是双赢，如果企图为自己的利益而损害对方的利益，那谈判是很难进行的。上文中，马云对孙正义提出的 3 个条件就都是以共赢为出发点的，这也是孙正义能爽快答应的原因所在。

● 法门 25：如何一句话让对方自己做决定？

苏秦对六国国君说了什么，使他们都乖乖地接受他的建议？

战国时期诸侯林立，尔虞我诈，一批谋臣策士周旋其间，其中，苏秦的表现可圈可点。他以"合纵连横"之策觐见六国国君，屡谏屡成，六国国君不论脾气品行如何，听完他的一番话，全都乖乖地接受了他的建议。苏秦也借此拜六国相，挂六国相印，功成名就。苏秦的演说智慧是什么呢？

以苏秦游说魏王为例：

大王之地，南有鸿沟、陈、汝南、许、郾、昆阳、召陵、舞阳、新都、新郪，东有淮、颖、煮枣、无胥，西有长城之界，北有河外、卷、衍、酸枣，地方千里。地名虽小，然而田舍庐庑之数，曾无所刍牧。人民之众，车马之多，日夜行不绝，辒辒殷殷，若有三军之众。臣窃量大王之国不下楚。然衡人怵王交强虎狼之秦以侵天下，卒有秦患，不顾其祸。夫挟强秦之势以内劫其主，罪无过此者。魏，天下之强国也；王，天下之贤王也。今乃有意西面而事秦，称东藩，筑帝宫，受冠带，祠春秋，臣窃为大王耻之。

臣闻越王句践战敝卒三千人，禽夫差于干遂；武王卒三千人，革车三百乘，制纣于牧野。岂其士卒众哉，诚能奋其威也。今窃闻大王之卒，武士二十万，苍头二十万，奋击二十万，厮徒十万，车六百乘，骑五千匹。此其过越王句践、武王远矣，今乃听于群臣之说而欲臣事秦。夫事秦必割地以效实，故兵未用而国已亏矣。凡群臣之言事秦者，皆奸人，非忠臣也。夫为人臣，割其主之地以求外交，偷取一时之功而不顾其后，破公家而成私门，外挟强秦之势以内劫其主，以求割地，愿大王孰察之。

分析苏秦劝说六国的说辞，我们可以发现一个规律：第一步是"捧"，在游说之前，他会先夸该国地理位置优越，君王从善如流，先恭维一番，让国君"龙颜大悦"。第二步是"诱"，他趁着国君高兴的时候，会从"价值"的角度说出六国联合的好处。第三步是"激"，他会列举几个以弱胜强的案例，把国君建功立业的欲望勾出来。第四步是"导"，告诉国君实施"合纵连横"策略能帮助他实现大业。四步走完，所有国君都欣然接受了苏秦的建议。

苏秦的游说智慧在于他的说辞遵循了一个让人信服的逻辑，而这个逻辑的核心就是给出很多真实可靠的信息，让听者权衡利弊，然后做出最优的选择，而这个最优选择恰是他游说的最终目的。

用事实说话的人最让人信服

美国著名的社会科学家佩蒂和卡西波在大量案例支持的基础上，提出了两种截然不同的"说服途径"。

第一种是感性途径，演说者抛出某些启发性的提示，听者接收到了，没有对支持观点的相关信息做出必要的审查就轻易地改变了态度，说服的目的就达到了。

第二种是理性途径，听众会对演说者提出的某个观点的信息做出认真细致的考察，在认为其真实可信后，就会被说服。如果游说的事项对听众非常重要，值得他们进行深入思考，那么，采用理性的说服方式成功率更高。这就需要演说者找到许多支持自己观点的事实，并在恰当的时机阐述它们，使它们成为有力论据。用事实说话，对方自然会接受你的观点。

苏秦在游说六国的时候，就很注意摆事实：你们国家的地理位置如此优越，国君那么厉害，这些都是那些国君不能也不愿意驳斥的事实，他们接受了这些事实，也就接受了苏秦合纵连横的策略。

当游说对象有一种根深蒂固的观念的时候，改变这种观念是很困难的，这个时候，事实就是最有力的说服武器。

1961 年 6 月 10 日，周恩来总理接见了溥杰的夫人嵯峨浩。嵯峨浩当时刚到中国，因为自己是日本人，又是伪满皇帝的弟媳，她很担心自己会受到歧视。大家坐定后，周总理没有急切地表达自己的观点，而是先向她介绍了旁边的作陪人员，有老舍夫人，有京剧名旦程砚秋的夫人，有照顾总理夫妇的护工，他们分属学术界、艺术界、工人阶层，但他们有一个共同点——都是满族人。

周总理介绍完之后，才开始讲各族人民都有平等的地位，任何人都不会受到歧视，嵯峨浩看着旁边一脸和气的 3 位满族人，很轻易地就改变了之前对党的怀疑和偏见。这就是事实的力量。改变一个人对一件事的偏见很难，但只要找到与他观念相悖的事实，自然而然地引入这些事实，在不可动摇的事实面前，人们会比较容易消除偏见，改变固有的观点。

铺陈逻辑，让说服水到渠成

事实胜于雄辩，在演说中，要想让听众接受自己的观点，有力地说服听众，引用确凿的事实来证明自己的理论观点是最直接、最有效的方式之一。演说者引用的事例越具体、越全面，对于理论观点的证明就越有力，理论观点本身也就越能够说服听众。

这就需要我们在扎实的逻辑分析的基础上对说服策略进行规划。选择和安排更具说服力的演讲内容，对演讲的主题进行全面、翔实而充分的论证，往往能更有力地说服听众，其影响也更深远。一般来说，在说服的过程中，可以遵循这样的逻辑顺序，它会让你的说服工作水到渠成。

Step1：你有没有发现这样一个事实？

Step2：是什么造成了这样的事实呢？

Step3：如果否定这个事实，会有什么影响呢？

Step4：基于这个事实，我们有什么改变现状的方法呢？

Step5：为什么我的观点是有用的？

按照这个逻辑顺序铺陈下去，听众会很容易接受你的观点。不过，要注意的是，在进行说服性演说时，你首先要坚信任何问题都有对立面，任何通情达理的人都会选择其中的一面，否则你不可能真正说服你的听众。另外，在说服别人前，你要真正相信你自己的观点，只有你自己真正相信了，才能去说服你的听众。

● 法门 26：如何一句话有效摊牌？

触龙说了什么，说服了盛气的赵太后，让她答应让爱子长安君为人质？

赵太后刚刚掌权，秦国就加紧进攻赵国，赵国向齐国求救。齐国提出条件："一定要用长安君作为人质，才出兵。"赵太后最爱儿子长安君，自然不同意，大臣们极力劝谏，太后明白地对左右侍臣说："有再说让长安君为人质的，我老太婆一定朝他脸上吐口水！"这个时候，触龙来面见赵太后。

一开始，面对盛气的赵太后，触龙没有提正事，而是从请安和问太后饮食行止入手，絮絮叨叨地讲述自己调养弱体、增进饮食的经验，这就使得太后生出错觉，以为触龙是来探望、安慰她的，所以"太后之色少解"，戒备稍有解除。紧接着，触龙提到自己爱怜少子想为他谋差事，赵太后觉得触龙能体谅自己的爱子之心，脸上带笑了。这个时候，触龙提出来比起儿子长安君来，太后更喜欢女儿燕后，然后竭力夸赞太后痛哭送走燕后是深谋远虑、非常明智之举，太后频频点头，同意他的观点。最后，触龙导入正题，以历史上诸侯子孙没有继世为侯的教训，告诉赵太后让长安君守在身边是"计短"，赵太后很爽快地就听取了触龙的劝谏："诺，恣君之所使之。"意思是："好吧，任凭您怎样支使他吧！"

触龙先是从家常谈起，然后讲到对子女的教育，最后，通过"太后爱燕后胜过长安君"的观点，让赵太后意识到了自己的不足，接受了他的劝谏。值得强调的是，触龙自始至终没有一句话提到"令长安君为质"，而使太后不由自主地说出了"恣君之所使之"，他谏说的巧妙令人叹服。

触龙的成功在于，在有所谏言、有所要求之前，先营造和谐的气氛，一步步温柔地将赵太后的军。触龙的智慧可以为现代社会的我们所用，遇到一些对方很难接受的话题，如果直接说，很可能引起对方的反感，或者让对方产生不快，这时候，我们就要做一些精心的铺陈，直到对方可以欣然接受时，再亮出我们真实的企图。

心理学家认为，人们都有一种心理，即不愿被别人改变，即便自己的想法是错误的。高手总是精心布局，欲擒故纵，步步为营，然后让对方自动走入设好的"圈套"内。当我们不得不去改变那些似乎不可改变的人，不得不向他们提出看似不可接受的请求之前，要学会消除他们的戒备心理，让他们在不自觉间被征服。

欲擒故纵，徐徐得之

欲擒故纵出自《孙子兵法》三十六计中的第十六计："逼则反兵，走则减势。紧随勿迫，累其气力，消其斗志，散而后擒，兵不血刃。需，有孚，光。"意思是说，逼迫敌人无路可走，敌人就会反扑，让敌人逃跑则可减弱敌人的气势。追击时，跟踪敌人不要过于逼迫敌人，以消耗敌人的体力，瓦解敌人的斗志，待敌人士气沮丧、溃不成军时，再捕捉敌人，就可以避免流血。欲擒故纵告诉我们，遇事的时候，急不如缓，为了擒住对方，先故意放开敌人，使其不加戒备，然后就能轻易地一举歼灭。

管理学中有一个著名的南风法则：北风和南风比威力，看谁能把行人身上的大衣脱掉。北风首先来，它吹起凛冽的冷风，几乎要吹跑行人身上的衣服，可它越吹，行人越是把大衣裹得紧紧的。南风则徐徐吹动，顿时风和日丽，行人越走越觉得热，就解开了纽扣，接着脱掉了大衣，最终南风获得了胜利。

在南风与北风的比试中，温柔和温暖的力量胜于强劲和冷酷的力量。一个人的企图太明显，太用力，太急于求成，反而越是不能称心如意。反倒是不急不缓会在适当的缓冲后，带给人舒服的感受，能让对方不知不觉被征服。

在论辩性强的演说中，"欲擒故纵"这种技法非常有用。在一次竞聘厂长的演说中，一名年轻工人在介绍自己时这样说："我一没有大学文凭，二没有丰富的经验，我只是一个心中有梦的28岁的小伙子，你们有百分之百的理由怀疑我能否担得起厂长的重任。然而，请你们仔细地想一想，我们厂长期处于瘫痪状态，历届厂长哪一个不是经验丰富、简历耀眼呢？"他这一番话一说，还会有人拿他的这两个弱点做文章吗？自然没有了。这里的"纵"是手段，"擒"是目的，故纵是为了更好地擒，故纵是在擒拿这一目的的执导下进行的。

张弛有度，有的放矢

"欲擒故纵"法在不便说或不愿明说的场合下都可以使用，"欲擒故纵"法使用得好，将会收到很好的效果。不过这种方法对使用场景和使用对象都有严格的要求，我们要把握好分寸。

首先，"欲擒故纵"法的诀窍是明看是放，顺着他人的意思说话行事，暗中却是收，迫使对方就范。它的适用对象最好是那种刚愎自用、自以为是、虚荣心强、傲慢自大的人。针对这些人，使用"欲擒故纵"法很容易达成目的，相反，如果针对的是那些谨慎小心、谦虚退让的人，使用这种方法很可能会弄巧成拙。

其次，在使用"欲擒故纵"法的时候，一般要有一个合适的场景让你制造一种假象，不能让对方摸透你的底牌，不能让他知道你知道多少。如果对方把你的底牌和心思摸得非常清楚，那一切都是毫无意义的。

最后，"欲擒故纵"法一般先假定对方的观点是对的，然后合乎逻辑地推出荒唐可笑的结论，简言之为引申归缪，设真推假。在应用的时候，要注意把握一定的度，巧妙设计。擒纵的层次不宜太多，否则很可能交代不清，也不能引人入胜，只有"纵"，却收不到"擒"的效果。如果能做到纵中有擒，纵擒合一，表面上看起来是纵，实质上却蕴含着擒，那就离成功非常近了。

● 法门 27：如何一句话说到对方的内心深处？

诸葛亮对周瑜说了什么，说服周瑜联合抗曹，创造了火烧赤壁以弱胜强的战争奇迹，成就三国鼎立之势？

三国时期，数魏国势力最大，蜀与吴的势力相对较弱，其中以蜀最弱。曹操平定刘备之前，先给东吴的孙权写了一封信，邀请孙权会猎于江夏，共擒刘备，分荆州之地，永结盟好。东吴明知曹操这是"假道伐虢"之计，还是很纠结，为什么？因为曹操太强大了，他一方面挟天子以令诸侯，另一方面，手下有百万刚刚得胜的大军，势头正旺。在这个节骨眼儿上，诸葛亮出使东吴，游说孙权联吴抗曹。

在孙权帐内，诸葛亮先是引经据典舌战群儒，之后对孙权又激又劝，东吴上下都有所松动，但还是下不了抗曹的决心。诸葛亮知道，自己作为刘备的谋士说再多的道理也不如孙权最信赖的周瑜说一句话，于是，他决定从周瑜身上找切入口。

诸葛亮对周瑜说："我有一条妙计，只需将两个人送给曹操，其百万大军必然卷旗而撤。"周瑜闻言，赶紧问："此二人是谁？"诸葛亮说："曹本好色，听说江东乔公有女大乔、小乔，美丽动人，曹发誓'要得其二乔，以娱晚年'。观曹兵百万，进逼江南，就是为二乔而来。将军何不找到乔公，花千两黄金买女送曹？江北失此二人，就如大树飘落一叶，无损大局；而曹得二乔，必心满意足，班师回朝。"

周瑜按住怒火问："先生声称曹贼欲霸占二乔，证据何在？"诸葛亮答："有曹氏作诗为证。曹操在漳河岸上建一铜雀台，挑选美女安置其中。又让曹植作了一篇《铜雀台赋》：立双台于左右兮，有玉龙与金凤，揽'二乔'于东南兮，乐朝夕之与共。文中之意说他会做天子，誓娶二乔。"周瑜听罢，终于坐不住了，霍地站起指着北方大骂："曹操老贼欺人太甚！"

诸葛亮连忙起来拦住说："过去匈奴屡犯汉朝疆界，汉天子答应派公主去和亲，现在你怎么倒舍不得两个民间女子？"周瑜说："先生有所不知，这大乔是孙策将军的主妇，而小乔则是我的妻子呀！"诸葛亮赶忙做出诚惶诚恐的样子说："这个我实在不知道，失口乱说，死罪，死罪！"周瑜咬牙切齿道："我与那老贼势不两立！"诸葛亮趁机继续吹风说："事须三思，免得后悔。"周瑜答曰："明天见了主公，便商议起兵。"

在这场出使江东的精彩游说中，诸葛亮可是抓住了周瑜最敏感的部位并砍了一刀，引起周瑜的强烈不满，接受了联合抗曹的建议。要知道，儿女情长的周瑜最在乎自己的老婆了，这一点诸葛亮岂能不知？他利用曹植《铜雀台赋》中的句子，诳称曹操有染指孙策遗孀大乔和周瑜妻子小乔的念头，一下子就击中了周瑜的软肋。他抓住周瑜的弱点说服了周瑜，而周瑜恰恰是孙权的软肋，孙权本就对联合抗曹有点儿动心，有了周瑜的支持，他自然就下定了决心，进而推动了这次联合的成功。

引发情感上的共鸣，使对方不得不同意你的观点

有一个身强体壮的男孩试图将一头牛赶进牲口棚，他用尽浑身力气推它，不停地用鞭子抽打它，大声吆喝，然而牛站在那儿就是不肯动。一位挤牛奶的女工见状，走上前来，她拿着一把稻草放在牛的嘴边，牛就很驯服地跟着她进了牲口棚。挤奶女工深知牛的习性，尽力让自己的行为符合它的习性，很轻易地就搞定了"牛脾气"的老牛。

要使听众心服口服，你在演说时切不可违背他们的意愿，采取逼迫甚至是威胁的手段让听众接受你的观点。对于牛来说，一把稻草就是征服它的钥匙。在公众演说中，我们也应该设法找到听众心中的"稻草"，抓住了这把"稻草"，因势利导，自然能引发听众

心灵上的共鸣，双方之间会建立起一种融洽的关系，这个时候，他们会很自然地接受你的观点。

第二次世界大战期间，乔治·巴顿将军要亲自统帅第三集团军向法西斯发起致命的攻击，开战之前他面对全军将士发表了一番激情飞扬的战前动员演说，给将士们留下了深刻的印象。他这样讲道：

我们已经迫不及待了，早一日收拾掉万恶的德国鬼子，我们就能早一日去收拾那些日本鬼子的老巢。我们如果不抓紧时间，功劳就会全让海军陆战队夺去了。是的，我们想早一天回家，我们想让这场战争尽快地结束，最快的办法就是干掉那些燃起这场战火的狗东西们。我们早一天把他们消灭，就可以早一天回到温暖的家里，跟亲人团聚。我们回家的捷径是什么？就是要通过柏林和东京，把他们全部消灭了，我们才能回家！

弟兄们，凯旋回家以后，我们每一个人都会获得一种值得夸耀的资本。20年以后，你们会很庆幸自己参加了这一次世界大战。那个时候你们坐在壁炉边，你们的孙子坐在你们的膝盖上，仰起头问一个他非常想知道的问题，他说："爷爷，在二次世界大战的时候您在干什么呀？"你们就不用很尴尬地咳嗽一声，然后把孙子移到另一个膝盖上，吞吞吐吐地说："啊……爷爷我当时在路易斯安那铲粪呢。"

弟兄们，你们可以很骄傲地盯着你们孙子的眼睛，跟他讲："孙子，你爷爷我当年正在跟第三集团军的巴顿在一起并肩作战呢！"

"回家！""为荣誉而战！"巴顿将军演说完毕，队伍中便爆发出激昂的呼号，大家摩拳擦掌誓死与法西斯决一死战。

巴顿将军的这段演说，从头到尾都以"我们""弟兄们"相称，而不是"你们"。他站在士兵的角度考虑，士兵最在乎的是荣誉，最期盼的是回家，从这两点入手，一番话说出来，立刻引起了士兵们内心的共鸣，使他们的斗志异常高涨。

演说中的共鸣点决定了演说的成败

牛的弱点是一把稻草，如果你端着一盘美味的烤鸡到它的面前，它不会理睬你；士兵们的共鸣点是光荣回家，如果巴顿将军大讲国家荣辱，那士兵们只会麻木不仁，把与敌作战当成一个任务，而不是自己的使命。由此可见，演说中的共鸣点决定了演说的成败。

那么，我们应该如何准确找到听众的"共鸣点"呢？

其一，找到听众最敏感的地方。

周瑜的软肋不是国家的生死存亡，也不是自己能否封侯拜相，他心中最在乎的是自己的妻子，因此，诸葛亮才能一击即中。心理学指出，人最敏感、最在乎的地方，也正是其最软弱的地方。在游说别人的时候，如果自知对方不会轻易接受你的条件，就要在谈判前，找到其最敏感的地方，别人最在乎什么，你就专攻什么，而后再徐徐道出自己的意图。人最怕被抓住软肋，当你刺激到他的软肋，基本上你说什么他都会听，因为他没有心思和你分辩了。

其二，找到对听众来说最有价值的东西。

在说服别人时，你要首先保证你的观点对听众来说是有价值的、有帮助的，只要你能替听众着想，就能使他们产生共鸣。这样的话，他们也会乐意让你"牵"着，爽快地接受你的观点。

第9章

一语定乾坤：提升形象

　　对于很多伟大的领导者，我们常有这样的感慨："一眼看过去就是当领导的。"成功的领导者除了具有良好的内在修养外，表现在外还要有范儿、有腕儿、有魅力。在日常工作中，这些外在的表现将成为领导者的核心竞争力。领导者如何一句话提升自己的公众形象，释放出自己的独特魅力呢？其实，语言就是最好的武器，它是领导者内心的映射。

● 法门28：如何一句话树立自己的领导者形象？

曼德拉说了什么，使他在离开人世时有100多个国家的元首、政要亲临现场追悼？

曼德拉是谁？他是1993年诺贝尔和平奖得主。他是1994年至1999年的南非总统，他是南非首位黑人总统，他是南非"国父"。2013年12月5日，曼德拉去世，南非为他举行国葬，全国降半旗，全世界100多个国家的元首、政要亲临现场追悼。

为什么？因为曼德拉一生都致力于宣扬和平文化与自由，他的言语曾经让很多铁石心肠的政界、军界、商界的冷脸汉子留下了感动的泪水。

1963年，曼德拉因为带领民众开展反种族隔离运动，被捕入狱，直到1990年才被释放，他被关押了整整27年。1994年，曼德拉当选为南非总统，这个消息传出后，有人慌了，因为曼德拉是政治要犯，当时关押他的监狱在荒蛮的罗本岛上，狱警格里高和其他两位同事经常侮辱他。

岛上到处是海豹、毒蛇，环境非常差，他们还变本加厉地把曼德拉关在最不舒服的锌皮房里，让他去干采石头或者去海里捞海带这些最痛苦的活儿，稍有不满意，就用铁锹痛殴他，甚至还故意往他的饭里泼泔水，强迫他吃下……

　　1994年5月，格里高和他的两个同事都收到了曼德拉亲自签署的就职仪式邀请函，3个人的心都凉了半截，他们都觉得曼德拉肯定要报复自己了，自己肯定是就职仪式的祭品了。3个人交代好后事后，硬着头皮来到了就职仪式现场。

　　就职仪式开始，年迈的曼德拉起身致辞，逐一欢迎来自世界各国的政要。他说："能够接待这么多尊贵的客人，我深感荣幸，可更让我高兴的是，当年陪伴我在罗本岛度过艰难岁月的3位狱警也来到了现场。"随即，他把格里高3人介绍给大家，并逐一与他们拥抱，"我年轻时性子急脾气暴，在狱中，正是在他们3位的帮助下，我才学会了控制情绪……"

　　曼德拉这一番出人意料的话，让虐待了他27年的3人无地自容，更让所有在场的人肃然起敬。回忆起监狱生涯，曼德拉说："即使是在监狱里那些最冷酷无情的日子里，我也能从狱警身上看到若隐若现的人性，可能仅仅是1秒钟，但它却足以使我恢复信心并坚持下去。"听到这句话，格里高等3人的眼角湿润了，人群爆发出经久不息的掌声。

　　仪式结束后，曼德拉再次走到格里高的身边，平静地说："在走出囚室、经过通往自由的监狱大门那一刻，我已经清楚，如果自己不能把悲伤和怨恨留在身后，那么我其实仍在狱中。"格里高禁不住泪流满面，在在场所有人的眼中，曼德拉无比高大，他们心中都有一个共同的声音：曼德拉太有境界了！！

领导与领袖的差别在于境界

管理和领导的区别在于组织行为层面，领导与领袖的差别在于精神境界层面。学习一下，一个人很容易就能成长为管理者；锤炼一下，管理者也可以修炼成领导者，但一个领导者进化成领袖是非常不容易的，因为这里面涉及一个人的境界。什么是境界呢？

在就中国成立前夕召开的中共七届二中全会上，毛泽东就曾说过这样一段话："中国的革命是伟大的，但革命以后的路程更长，工作更伟大，更艰苦。这一点现在就必须向党内讲明白，务必使同志们继续地保持谦虚、谨慎、不骄、不躁的作风，务必使同志们继续地保持艰苦奋斗的作风。"

毛泽东还提出了一个"六条规定"：一曰不做寿，二曰不送礼；三曰少敬酒；四曰少拍掌；五曰不以人名做地名；六曰不要把中国同志同马、恩、列、斯并列。60多年过去了，回头看，毛泽东的每句话、每个字仍旧有着深刻的现实意义，毛主席他老人家60多年前就看到了。这叫什么？这就叫境界。

境界是一种眼光，是一种态度，是一种觉悟，境界越高的人对一切事看得越透彻，境界越高的人越能让人信服。境界高的人是在大海航行中的灯塔，是人生路上的标杆，他们会吸引很多人衷心追随、肝脑涂地。

语言的背后是境界

曼德拉认为，告别仇恨的最佳方式是宽恕，他用宽容与和解征服世界，如果他思想上没有达到这样的境界，他不会说出那番让曾经伤害自己的人泪流满面的话来。毛泽东在延安革命时期睡硬板床，后来条件好了，他仍旧坚持睡硬板床，为什么？因为他要以此做警醒，如果他没有这样的精神境界是做不出"继续地保持艰苦奋斗的作风"这样的指示的。语言的背后是境界，只要思想达到了这样的境界，语言自然会水到渠成。

一个人的成就的大小，取决于他的格局的大小，一个人的格局的大小取决于他的境界的高低，那么领导人应该如何提升自身的境界呢？境界不是用工具和方法就能够解决得了的，它甚至不能像知识一样被学习，而是需要领导者进行持续不断的自我修炼和永不停歇的自我突破。领导者每天睡觉前不妨花10分钟静静地扪心自问：我的境界到这个地步了吗？还有没有提升的空间？

● 法门 29：如何一句话塑造自己的亲和形象？

李嘉诚说了什么，使大家都愿意和他做生意，把最好的机会留给他？

李嘉诚说："建立自我，追求无我。"什么叫"建立自我，追求无我"呢？冯仑写过一篇名叫《李嘉诚的饭局》的文章，他讲述了一次长江商学院 CEO 的同学跟李嘉诚见面的经历，电梯门刚一开，70 多岁的李嘉诚早就站到了电梯口，他跟大家一一握手，然后首先拿出了名片，发给大家，之后又递过一个盘子，让大家按名片顺便抓个号，按照这个号安排吃饭的座位。

这样的开场让冯仑等一帮 CEO 很是诧异，大家原以为见老大哥相当于见领导，肯定先是见到一个空沙发，等半天后，大哥出场，然后大哥会等着你过去发名片，然后再选几个人接见。大家被大人物轻慢惯了，觉得被委屈是应该的事情，没想到李嘉诚举手投足间却完全颠覆了大家固有的想法。

之后，还有更让人觉得颠覆的。酒席间，李嘉诚在每个桌前坐十几分钟，这样每桌的人都照顾到了。酒席结束后，李嘉诚没有先走，而是站在门口，跟大家一一握手，恭送大家离开。最后，李嘉诚还不忘走过去跟站在角落里的餐厅服务员握手。

冯仑在文章最后感慨："很多人只追求自我，没有追求无我，都建立了自己，自己越来越牛×，走到哪儿别人都得跟着起哄，你不鼓掌他不开心，你不拎包他也不开心，你不吹捧他，他也不开心。反观像李嘉诚这样真正成功的人士，在处理这类事情上跟别人都极其不一样，他的存在只让人感觉到舒服，而感觉不到任何不快乐，这就是无我的境界。"

李嘉诚的成功就在于他虽然取得了很高的成就，可是他待人接物却不会给人高高在上的感觉，他追求无我，放低自己，让自己舒服也不给大家制造压力。这种人格魅力使他形成了一个能量场，吸引了很多人走到他的身边。

从李嘉诚先生做人做事的境界我们可以感悟到："**一个人从无到有是能力，这是在建立自我；一个人从有到无是境界，这是在追求无我。**"

无我思想是最难企及和超越的

在佛学中，有我的思想会使人生发起贪、嗔、痴等烦恼，造恶损人，肆无忌惮，使社会不安，陷于争斗。而无我的思想则能使我们挣脱各种钱权诱惑和名利束缚，跳出小我的圈子，得之泰然，失之淡然，不忧不惧，不喜不悲，忘却世事纷扰，心无杂念，专注地做自己该做的事。

一个落魄的篮球明星来到一家洗车店打工，老板要求他在擦车时摘下冠军戒指，以免将车划伤，但遭到了他的拒绝。他说那枚戒指是他剩下的唯一荣耀，如果把它拿走，他就会崩溃，结果他被洗车店解雇了。为什么？因为有我的思想禁锢了他，使他深陷在过去的荣耀中，走不出来，自然也就走不远。

禅学里记载着这样一个故事。一个佛学造诣很深的人，听说某个寺庙里有位德高望重的老禅师，便前去拜访。他进门的时候，态度比较傲慢，老禅师便在为他倒水时，明明看见杯子已经满了还不停地倒水。他就问："大师，为什么杯子已经满了，还要往里倒？"大师一语中的："是啊，杯子是满的，怎么倒也倒不进去了。"

对很多成功人士来说，**建立自我并不难，难的就是追求无我**，在取得成就时，能及时让心态归零，不因暂时的荣耀和成就而迷失自我。

老子的《道德经》提出了一个观点，叫"上善若水"，伟大的领袖就要像水一样，可高可低，虽然看似柔软却有穿石的力量。

语言的背后是思想

李嘉诚为什么能说出"建立自我，追求无我"的话？因为在几十年的历练中，他体会到了、悟到了、想到了。我有一个观点：**思想是底片，演说是照片**。你看到一个人，"哇，他的口才很好"，他口才好的背后必然是夜以继日的努力。你看到一个人，"哇，他的语言很有高度、深度、力度"，他的语言背后必然是经过千锤百炼的思想。

一张照片好不好是由底片决定的，只有很好的底片才能冲洗出很好的照片。同理，一个人的语言有没有力量是由他的思想决定的，只有有了好的思想，他的口才才能变得更好，因此，领导者修炼口才首先要对思想进行总结、升华、提炼。

● 法门 30：如何一句话塑造自己的公仆形象？

"懦弱"的宋江凭什么让梁山 107 条好汉甘心奉他为大哥？

《水浒传》中梁山泊坐头把交椅的人是宋江。宋江官不大，长相也不出众，个头也不太高，武功文采在 108 将里不是最出众的，但就是他，能让这 107 个兄弟特别听话，甘愿为他去死。"懦弱"的宋江为什么能当大哥呢？

宋江有一个最大的优点：度量比较大，他最喜欢说的一句话是：大家都是兄弟。108 将都是些什么人？大多数人动不动就会把刀拔出来，如何才能把这些"魔王"整合到一起？这就需要做大哥的人做到"宰相肚里能撑船"，要足够宽容，对有些小的错误懂得包容，对那些有个性的人能经常进行抚慰，对那些能力稍弱的人还要进行培养和提拔，然后让大家共同在这么一个大的屋檐下做事情。

设想一下，如果林冲成为 108 将的首领会怎么样呢？虽然林冲的武功和带队伍的能力都很强，资历也够，但如果李逵气头上说了几句难听的话，林冲就急了，一生气把他给斩了，那梁山泊也就散了，很快就完了！ 宋江不会，他能放低身段，跟所有人搞好关系，送钱送物送温暖，磕头下跪说好话，所有人都喜欢他，大家都觉得跟着他心里踏实，从宋江的身上，大家都看到了一种叫作"领袖的胸怀"的东西，就凭借着这一点，"懦弱"的宋江成了带头大哥。

胸怀大小决定了事业的大小

"心有多大事业就有多大，胸怀有多宽事业就有多广"，有容人、容智、容物、容事的胸怀与度量是成就大事业者的必要条件。

春秋早期，在争夺齐国君位的过程中，因为管仲与后来的齐桓公分属不同的阵营，管仲曾暗杀过齐桓公。没料到，机缘巧合，齐桓公死里逃生，还登上了君位。齐桓公即位后，他手下的谋士鲍叔牙极力向他推荐管仲，说他是治国能人，齐桓公再三考虑后，不计管仲箭杀之仇，以虚怀若谷的博大胸襟，招揽管仲，并拜他为宰相。

既然已冰释前嫌，齐桓公对管仲就绝对地信任，国家大事均放心交由管仲处理，并拜管仲为"仲父"。齐桓公的一系列举动让本来还有点儿怀疑的管仲深受感动，从此尽心辅佐齐桓公，大刀阔斧进行改革，齐国在管仲的治理下，完成了从乱到治、从穷到富、从弱到强的转变，齐桓公最后成为"春秋五霸"之首。

做人要有胸怀，做领导者更要有胸怀。领导者身上都肩负着带领手下队伍实现梦想的使命，他既要做事又要管人，没有一定的胸怀，是很难把事做好，把人管好的。**心宽则能容，能容则众归，众归**

则才聚，才聚则事业强。

现实生活中，有的领导总是抱怨人难管、事难做，却很少审视自己的气度和胸怀。当不同意见者当面提出反对意见时，你是支持还是恼怒呢？当手下员工犯了错误时，你是教育还是斥责呢？当一个人才身上有污点的时候，你是不计前嫌还是拒之门外呢？心胸狭窄的领导身边往往留不住贤才能人，留不住下属的心，他们必然会遭遇人难管、事难做的问题，这样的领导自然成就不了什么大事业。

语言的背后是胸怀

有才华的人喜欢跟胸怀大的人一起工作，成功的人喜欢跟胸怀大的人交朋友，贵人喜欢跟胸怀大的人谈合作，胸怀大的人能很自然地吸引到能人、贵人、伟人。为什么？人与人之间是可以相互影响、相互感召的，胸怀大的人从一言一行中就能表现出他的不凡来，这种不凡是一种成功的吸引力，它能吸引到众多成功要素。

如果牛根生没有胸怀，他也不会讲出"人聚财散，财散人聚"这句话。语言的背后是胸怀，胸怀大了，领导人物的公众演说魅力自然会释放出来。胸怀小了，事情就大了，胸怀大了，事情就小了。"将军额上能跑马，宰相肚里能撑船"，凡是立志成就大事业的人都不妨以心悟之，以行效之，加强自身修养，多些"容人、容智、容物、容事"之德，常做"扩胸运动"。你会发现，胸怀大了，世界也随之变得宽广了。

● 法门 31：如何一句话塑造自己的伟大形象？

德蕾莎修女说了什么，募集了 4 亿美金，拯救了无数人的生命，享有"加尔各答天使"的美誉？

德蕾莎修女是一个很厉害的人，有多厉害？她创建的仁爱传教修女会有 4 亿多美金的资产，她的组织有 7000 多名正式成员，她与众多的总统、国王、传媒巨头和企业巨子都是好朋友，黛安娜王妃是她的朋友，前联合国秘书长安南说"她能做到我做不到的事情"。她是 1979 年诺贝尔和平奖的获得者，并且她得这个奖，全世界没一个人有异议。她逝世后，塞尔维亚的领导人和印度总理都提出要为她准备后事。

她做了什么大事吗？没有。她没有任何功名，也没有任何爵位，更没有任何官位，也没有做什么惊天动地的大事。"我做不了伟大的事业，但我可以用伟大的爱去做小事情"，就是在这种信念下，她拣回那些奄奄一息的病人、被遗弃的婴儿、垂死的老人，然后到处去找吃的喂他们，找药给他们治病，求医生来帮助他们；她会把艾滋病患者紧紧地搂在怀里，告诉他：耶稣爱你，他在天上等你；她会从水沟里抱起被蛆吃掉一条腿的乞丐，告诉他：世界并没有抛弃他……就是这些小事成就了她，让她赢得了整个世界的敬仰。

德蕾莎修女的事迹告诉我们，**世界上最强大的力量，不是政权、学问与金钱，而是爱，**那遍布宇宙、藏于心灵却又被假象遮挡的爱。现在整个社会都表现得很浮躁，信仰的缺失是一个普遍的问题。什么是信仰？有的人认为是宗教，其实，信仰应该是源于宗教又超越宗教的真理、智慧、慈悲和爱！

爱的力量是神奇的

爱是虚无的，看不见，摸不着，可它的力量却是无穷的。

有"经营之圣"之称的稻盛和夫信奉这样的经营哲学：**敬天爱人，**所谓"敬天"，就是要敬重人类赖以生存和发展的大自然和社会，并自觉地遵从天理、公理；所谓"爱人"，就是要对社会和他人抱有真诚的关爱、帮助之心并付之行动。这里的"人"，不仅指本企业的员工、顾客，也泛指社会上的普通百姓。

"敬天爱人"也就是说敬畏上天，关爱众人。在这种思想的指引下，稻盛和夫 27 岁时创办的京瓷进入了世界 500 强企业，52 岁时创办的日本 KDDI 公司也进入了世界 500 强企业。78 岁时，他临危受命，掌管了面临破产的日本航空，在他掌管 3 个月后，日本航空扭亏为盈，1 年后，日航做到了 3 个第一：利润世界第一、准点率世界第一、服务水平世界第一。"敬天爱人"4 个字很简单，却有着这样惊人的力量。

2009 年，"海底捞的管理智慧"登上《哈佛商业评论》中文版，成为"中国 8 年来影响最大的案例"。一夜之间，中国几乎所有的商学院都开始讲授海底捞的案例，海底捞成为全国及至全世界企业家们学习的典范。海底捞成功的秘诀是什么？很简单——"把人当人看"。

海底捞的员工在上海、北京都可以住每月租金七八千元的高档小区，走路上班在 15 分钟之内，宿舍里面可以宽带上网，有空调，有阿姨专门帮他们打扫卫生，帮他们洗衣服，就是这些很简单的小事让每个海底捞员工都成了海底捞的代言人。为什么张勇想到了把人当人看，而不是李勇、王勇，因为他真正懂得爱人。

语言的背后是信仰

所有宗教的厉害之处就在于给人建立信仰，而信仰带给人们的是慈悲和爱，只要心中有了爱，那你的口中涌出的就不仅仅是语言，而是温暖人心的阳光、滋养人性的雨露。语言说出来，消失了，却留下了永远难以磨灭的震撼。当企业的所有人都心中怀着爱去做事，所做的每一件事情的出发点，都是在为别人着想，为别人考虑，那么这样的企业将不会害怕任何挫折，将能迎接任何挑战。

● 法门 32：如何一句话树立自己的权威形象?

孝庄对年幼的康熙说了什么，定其心，使其成为一代明君?

康熙在位时，吴三桂造反，宫内太监造反，朱三太子造反，手握重兵的王辅臣拥兵自重起反心，察哈尔驻军首领以救驾为名实为造反，清军节节败退，叛军攻入禁城。康熙已无御敌之兵，四面楚歌。这个时候，康熙认定没有胜算了，他对大臣讲出了"马上迁都""我愿让位孝庄皇祖太后"这些话来。这个时候，孝庄皇太后对年幼的康熙说了一段话，改变了历史的走向。

她说："你明明是六神无主、遇难而逃、弃天下于不顾哇，你呀。不久啊，我的像也会挂上去，再过几十年啊，你的像啊也得挂上去，成了列祖列宗，在你面前，跪满了皇子皇孙哪，那个时候你怎么能够和你的祖宗们并排列位，怎么能够面对你的子孙后代呀……你以为那些危难是在外头，不，大清国最大的危难不是那些叛军和太监，而是在你的心里，你五内如焚，六神无主，你，你是退位而弃天下呀你呀。当年，你父皇顺治就是败于自个儿的心魔，才使得半世帝王弃天下而去。难道你也要步其后尘，重蹈覆辙吗? 不要学他，要学这些列祖列宗，学你的皇祖母，我，孝庄，天塌地陷，岿然不动，日月星辰，唯我独尊哪! 孙儿啊，你要是想打败吴三桂，首先要打败你自己，懂吗?"

听了皇祖母的训斥，康熙深受震撼，稳住心神，一改之前的颓势，认定皇祖母的话："只要咱们君臣一心，将士勇猛，定能够歼灭叛敌，永铸江山。"他自信满满地宣布："列位臣工听旨，国都仍是北京，朕还是皇上。"之后事情正如祖孙两人预测的一样，君臣上下一心，叛军节节败退，大清江山如铜铸铁打，坚不可摧。

自信人生二百年，会当水击三千里

大珠慧海千里迢迢，求见马祖道一禅师。马祖禅师问他："你来这里做什么？"大珠答道："来求佛法。"马祖禅师说："我这里什么也没有，哪有佛法可求？你自己有宝藏不顾，离家乱走做什么？"大珠既惊又惑，急忙问道："什么是我的宝藏呢？""现在问我的，就是你自己的宝藏。"

马祖进一步启示说："它一切具足，毫无欠缺，你可随心所欲运用它，何必要向外寻来呢？"这一番睿智之语，使大珠顿悟。上天厚爱我们每个人，从出生起，就赋予了每个人一个无比丰厚的宝藏，那就是我们的内心。内心强大，那么这个宝藏将转化成取之不尽用之不竭的财富。

毛泽东说过一句话："自信人生二百年，会当水击三千里。"能够成就大事业的人，永远是那些相信自己见解、敢于想人之所不敢想的人，永远是那些不管遇到什么困境都坚信自己能成功的人。什么是自信？古罗马哲学家西塞罗说："自信是心中抱着坚定的希望

和信念走向伟大荣誉之路的感情。"自信是一个人脸上的阳光，是心灵里不灭的圣火，它是成功的首要秘诀，有自信，就能创造自己的神话。

一位成功的领导者，应该深知"自信乃成功之帆"的道理。只有具有了自信心，才能得心应手地处理手头的工作，才能泰然自若地应对突发状况，才能随心所欲地思考，并能有自己的心得领悟，才能在公共场所或优秀人士面前侃侃而谈，言谈富有哲理且让人信服，而这一切都是自信在起关键的作用。

自信的领导者会表现出独特的人格魅力，让下属们信服。试想，在实际工作中，我们总会碰到许许多多的问题，而在这种情况下，是知难而退，还是奋勇直前？这个时候，员工们的目光都放在了领导者的身上，如果领导者充满排除万难的自信，员工们自然会士气旺盛，必将奋勇前进。

所以，作为领导者，任何时候都不能丧失自信，因为一个不信任自己心灵力量的人，是不会有什么成就的。领导者只有把信心融入到思想里，使潜意识转变成强大的精神力量时，才能促成成功的实现，成为一位卓越的管理人才和深受员工欢迎的领导。

语言的背后是信心

语言的背后是信心，是信念！一个领导者有没有自信，从简单的一句话、不经意的一抬手、若有若无的呼吸声中都可以判断出来。

西点军校前校长丹尼尔·W. 克里斯曼中将说："处于现今这个时代，如果说'做不到'，你将经常站在失败的一边。"成功始于自信，这个道理人人皆知，但自信并不是不说"做不到"就能实现的。不如意事十之八九，遇到困难，遭遇挫折，受到打击是难免的，领导者应该如何摈弃心中的疑惑，坚定成功的信念，表现出强大的自信，并鼓励身边的人不要丧失信心呢？

其一，自信蔓延效应。

当你心里迷惘时，不妨在纸上列下自己的 10 个优点，不论是哪方面（细心、眼睛好看等）的，在从事各种活动前，先想想这些优点，反复地想，自信就会出现在你的脸上。

其二，镜子技巧。

许多了不起的演说家、传教士、演员、政治家都曾运用过镜子技巧来增强自信，比如温斯顿·丘吉尔在做任何重要演说之前，总要站在镜子前正视一下自己。在每天离开家门的时候，你不妨站在镜子面前，反复对自己说：我会获得巨大成功，世界上没有任何东西能够阻止我。

以聚精会神、自信十足的面部表情面对镜面，你会感到精神得到了极大的振奋。要知道，眼睛是心灵的窗户，运用镜子技巧时，眼睛就会产生一种你从未看到过甚至从未想到的力量，这种力量加上言辞的意义，便能迅速打动听众的潜意识。

其三，加快步伐法。

心理学家认为懒散的姿势、缓慢的步伐表达出的意思往往是"我并不怎么以自己为荣",表示此人对自己、对工作以及对别人有着不愉快的感受,而走起路来比一般人快的人像是在告诉全世界:我要到一个重要的地方,去做重要的事情,而且我会做好。因此,我们在走向演说台时,可以借着改变姿势与步履速度,改变心理状态。兴冲冲地出现在演说台上,你会感到自信心在增强,台下的人们也会感受到一种自信的力量。

其四,苦练"内功"。

俗话说:"艺高人胆大。"有"艺"压身,人自然而然会自信起来。因此,无论什么时候,我们都不要忘记去充实自己,有意识地增加自己的知识储备,增强自己的实践能力。这样,你说话的时候,自然底气十足。

第10章

一语定乾坤：创建品牌

品牌就是质量，就是效益，就是竞争力，就是生命力。在竞争同质化的今天，品牌的重要性越来越突出，好的品牌能让人一见倾心、过目不忘、乐于分享，进而不断裂变，产生爆炸效应。好的品牌一定要有一个朗朗上口、精练简短、打动人心的口号，争取做到一句话就能打动人心。领导者应该如何带领企业创建品牌，建立起自己的差异化壁垒呢？

● 法门 33：如何一句话说服消费者？

周杰伦说了什么，使动感地带在短短 15 个月之内，就获得了 2000 万"富有激情的用户"，成为一个商业传奇？

21 世纪初，中国电信业竞争不仅激烈，而且可谓惨烈。中国电信、中国网通凭借小灵通对低端市场发起了猛烈的冲击，而中国联通则从技术和价格双向发起了高中低端的全面挑战，这让中国移动感觉到了竞争者扑面而来的威胁。

在这种背景下，中国移动通过反复试点和调研，决定推出新的子品牌——动感地带。这个子品牌定位于年轻人群，目标是将低端用户中最有潜力和价值的人群网罗在自己的旗下。在品牌推广阶段，中国移动斥巨资邀请周杰伦作为形象代言人，并推出了激情十足、酷味十足的广告语——"我的地盘我做主"。

看"动感地带"的后现代广告，听"我的地盘，听我的"这句口号，再加上周杰伦另类、新潮的形象，这则广告霸气十足，给人一种很强烈的视觉、听觉以及思想上的冲击。随着广告在电视、报纸、户外媒体上的立体式轰炸，"动感地带"品牌迅速地攻占了校园这个巨大的市场。据中国移动 2003 年年末的不完全统计，中国移动启用"动感地带"品牌比未启用"动感地带"品牌时短信流量增长超过 63%，点对点短信业务收入增长超过 30%，短信增值业务收入增长超过 45%。

广告的价值在于说服消费者

巴尔特在《符号学历险》一书中指出了广告的本质："广告是购买的指令，无可争辩的保证，并不使人信服，却可以诱导消费者完成购买。"广告的价值就在于说服消费者接受广告信息，影响消费者的购买行为。那么，在广告语设计中，我们应该如何用一句话说服消费者呢？

首先，好广告会用消费者的语言来说服消费者。

很多人都有这样的经历，家里的小孩叛逆，家长絮絮叨叨，孩子肯定有逆反情绪；老师苦口婆心，他会无动于衷，找一些专家、大师来规劝他，他干脆充耳不闻。什么人来劝说他最有效呢？找他的同龄人。同龄人站在同龄人的角度，用同龄人能理解的语言，不用多说，一两句话就很容易将他打动。

要想说服消费者，好的广告就要学会用消费者的语言来说话。

第10章
创建品牌 一语定乾坤：

中国移动对动感地带这个品牌的定位是针对大中学生及时尚青年为主的年轻人群，他们追求时尚，崇尚个性，乐于探索。"我的地盘听我的"，强调了"我"，彰显了年轻人群的个性和追求自我的心理，并且"地盘"的概念触发了他们的探索心理，短短几个字，却表现出了强大的说服力。

其次，好的广告语必须是消费者愿意说的话。

一个广告在什么渠道传播影响力度最大？电视？网络？户外媒体？都不是，传播效果最好的渠道是你楼下跳广场舞的大妈们。

广告的目的是销售，广告的灵魂是创意，而广告的本质是传播。广告语的最理想境界是在消费者中广为流传，这就需要说服消费者的这句话一定是消费者乐意说给他身边的亲朋好友听的。因此，这句话一定要口语化，要朗朗上口，一定是消费者想说的、愿意说的话。

"我的地盘听我的"推出后，它很快成了众多少男少女的口头禅，成了他们标榜个性的宣言，想要说服朋友的时候，他们会很自然地说出"我的地盘听我的"，吃饭的时候会说，购物的时候会说，学习的时候会说。动感地带的客户、潜在客户都成了动感地带的品牌传播大使，加快了动感地带品牌的推广速度。

最后，好的广告语必须是由消费者认可的人说出的话。

一个炒锅用着好，广告说好，消费者仍旧会有几分怀疑，专家说好，消费者还是会有所怀疑，那么谁才能真正说服消费者？那就是你楼下跳广场舞的大妈，她说的话会让炒锅的消费者全身心信任。

明星的知名度和影响度会对广告的传播和说服力产生很好的促进作用，不过起用明星的广告一定要做到明星的形象与广告的定位保持一致，这样明星的个人形象能触发消费者对商品的情感共鸣，一句话带给消费者积极的情感体验。

在起用周杰伦之初，"动感地带"项目团队曾反复揣摩目标用户群的心理，创造了一个卡通人物——酷酷的、刺猬头、带着一脸坏笑的 M 仔。刚出道的周杰伦的个性气质恰恰是这样的，他的形象与动感地带的品牌特质高度匹配，这使得在动感地带的推广过程中，双方的人气一直处于捆绑上升的状态，动感地带以每 3 秒增加一个新客户的速度迅速成为汇集几千万年轻人的通信品牌，周杰伦的人气也迅速提升至一线巨星的行列。

● 法门 34：如何一句话说清自己的公司？

张瑞敏说了什么，让海尔从竞争激烈的家电行业中脱颖而出，成为家电行业的标杆企业呢？

20 世纪 90 年代初，我国已经完成了从"紧缺经济"到"过剩经济"的转变，家电市场出现供大于求的状况，产品库存大量堆积，各个家电厂家为了消化库存拼命降价，"刀刀见血"的"价格战"成了业内常态。

在这种情况下，张瑞敏另辟蹊径，打出了"服务牌"。他说，一家企业要永续经营，首先要得到社会的承认、用户的承认。企业对用户真诚到永远，用户、社会才会对企业有所回报，才能保证企业向前发展。在他的推动下，"真诚到永远"成了海尔的核心理念，在企业内部推广开来，让海尔人有了做事的标准，然后在企业外部推广开来，彻底改变了家电企业在大众心目中的常规印象。

一位农民来信说自己的冰箱坏了，海尔马上派人上门处理，还带着一台新冰箱。工作人员赶了200多公里的路到了顾客家，一检查是温控器没打开，打开温控器就一切正常了。看起来是白跑了一趟，可海尔人却不这么认为，海尔必须满足所有人的需求，所以绝不能埋怨顾客。

海尔管理层进一步反思，说明书写得不能让所有人都读懂，这是海尔的工作还没做到位。这些真诚服务的案例一经媒体、用户的传播，再联系到海尔"真诚到永远"的广告语，大家纷纷竖起大拇指，"真诚到永远"真正地深入到了每个人的内心。

在日常工作中，我们常遇到这个问题：你们公司是做什么的呢？碰到这个问题，很多销售员包括企业老板都会有点儿抓不住头绪，我们的产品是什么，我们的服务怎么样，我们与其他公司有什么区别，很多时候，话还没说完，别人已经没有了听的兴趣，一个商机很可能就这样溜走了，因此，一句话说清自己的公司是非常重要的。

那么，我们应该如何一句话说清自己的企业呢？

不要说产品或服务，要说理念

在现有的市场空间中，竞争双方都在不断降低价格或削减成本，双方战成一片"血海"，这就是我们常说的"红海"。在这种形势下，单凭某一项产品、某一项服务是很难取胜的，企业之间的竞争逐渐衍变成企业综合实力的竞争。

因此，说清自己的企业，不能只说一项产品或者一项服务，而是站在更高的角度，传达企业理念、价值观。我们常说，先做人后做事，很多时候，别人认可你的人，自然会认可你做的事，同样道理，别人认可你的企业理念，不管你的产品是什么，他们也会认可。

在企业的实际发展过程中，企业理念影响并落实于企业发展的每一个具体行为中，决定了企业内部员工的整体面貌，也是消费者认识企业的最佳途径，运用得当，就能赢得广大消费者的关注、信任和支持。

一语定乾坤的理念来自于精准的策略

企业家冯仑有这样一个观点：好公司应当自己一句话就能说清楚，别人一眼就看得懂。例如，牟其中不仅一百句话也没讲清楚南德是干什么的，而且一百个人听其言、观其行之后仍摸不着头脑，结果呢？南德大厦倾于一夕之间，牟其中也因此锒铛入狱。

从张瑞敏挥起锤子砸冰箱的那一刻起，他就认定了要做服务，

他只做这一件事，因此，他能清楚而明确地说出"真诚到永远"这句话，于是海尔越做越大，越做越成功。

一语定乾坤的那一句话一定是以消费者为导向的。

我们社会已全面进入顾客导向型的时代，在这种情况下，闭门造车创造的需求，理所当然地会受到消费者的拒绝，没有抓住消费者需求的传播相当于把顾客拱手送给了竞争对手。这就需要我们在提炼核心理念的时候，要将自己看作消费者中的一分子，考虑他们的相关利益和需求，找到最重要的那个点，这样才能击中他们心底最深处的那根弦。

商业的本质在于：为客户创造价值！

● 法门 35：如何一句话传播品牌精神？

董明珠说了什么，使格力成为世界名牌？

长期以来，在中国的机械工业产业中，不少行业会因为关键零部件或关键技术不为自己掌握而受制于人，在扩大产能时由于关键部件不能满足供应而造成计划流产，或者在后期维护中因为更换关键部件的高昂费用而在竞争中处于劣势。在空调领域，日本和美国一直是技术垄断者，中国企业只能依赖它们的核心技术。

"按照别人的技术标准生产，你没有自己的技术，你不能用你的创造改变别人，而是因为别人的技术改变了你，所以你只是制造附加值的，严格地说，这就是一种加工。"董明珠对这种受制于人的情况很是痛心，"中国通过自主创新掌握核心技术的能力而不靠买别人的技术，只有这样，中国企业才能在国际市场打出自己的品牌，赢得世界的尊重。"

吃了几次亏之后，董明珠下定决心搞自主研发，从多联机到离心机，从变频空调到高效直流变频离心机组，格力不断打破国外企业的技术垄断，在研发和设计领域掌握了一大批核心技术，从国内领先做到了国际领先。格力在空调产销量上连续 6 年占据全球第一的位置，更在技术研发上抢占了制高点，让全球制冷产业开始倾听中国的声音。

在这个过程中，格力的品牌广告语也发生了变化，从"好空调，格力造"到"格力，掌握核心科技"，广告语的改变昭示着格力从一个质量品牌的践行者转变成了技术创新品牌的领导者。在消费者心目中，格力与其他品牌拉开了距离，它凭借着自主研发的核心科技站在了一个更高的台阶上，可以俯瞰众生。

营销大师菲利普·科特勒说："伟大的品牌是公司维持超额利润的唯一途径。"

可口可乐公司总裁伍德拉夫曾经说："如果有一天可口可乐公司因为火灾或是其他原因不复存在，我们相信同样可以在同一天时间内重建一个新的可口可乐。"可口可乐的品牌已不仅仅是一个商

第10章
一语定乾坤：
创建品牌

品的代号，它有了自身独特的价值，美国一位经济学专家评价：即使可口可乐公司在世界所有的生产线全部瘫痪，银行也愿意为其提供300亿美元的无偿贷款。在国际品牌评估价值上，可口可乐的价值已超过了600亿美元。

早在1992年，邓小平同志视察珠海时就曾讲过："我们应该有自己的拳头产品，创造出自己的世界名牌，否则就要受人欺负。"英国剑桥大学商学院教授、全球知名管理学专家马丁·奇达夫教授则说："现在的世界是一个既充满激烈竞争又资讯丰富的全球一体化市场。品牌不但成为购物选择的主要标准，而且还被认为是产品、组织甚至国家的重要基因。"

对于一个企业来说，做跨国公司的代加工企业，只能得到20%的微薄利润。对于一个国家来说，缺乏自己的名牌产品，那就永远无法挺直腰杆。

品牌是可以创造价值的，它是企业长远发展的关键。那么，我们应该如何总结品牌精神，提炼出掷地有声的品牌广告语，将它传播出去，建立起品牌和消费者之间的联系，让消费者充分认知品牌，有效地提高品牌的知名度，树立品牌的形象呢？

其一，源自品牌定位。

"格力，掌握核心科技"这一口号的提出源于格力的品牌定位是"技术创新企业"，只有进行精准的品牌定位，才能够推导和提炼出好的广告口号，并且，这样的品牌口号也才更加精准而有效。

其二，对照竞争对手。

中国大部分空调制造企业的核心技术大都来自于美国、日本，"格力，掌握核心科技"这个口号的提出，使得格力与它们形成了明显的区别，这也成了格力取得市场成功的一个关键。

其三，赢得受众的信赖。

对于消费者来说，技术决定了品质，品质决定了应用体验。"格力，掌握核心科技"的口号使消费者们对格力的产品有信赖感，甚至对这个品牌很是信服，这使得格力赢得了消费者的心，注定了它的每一次传播都是有效的。

● 法门 36：如何一句话吸引更多的眼球？

史玉柱说了什么，使脑白金在众多同类广告中脱颖而出，吸引了最多的眼球？

有一段时间，当你打开电视，随时都会听到"今年过节不收礼，收礼只收脑白金"这句广告语，它没有过多地介绍产品，只是一味地重复、重复、重复。慢慢地，几岁的小孩子都会奶声奶气地说出"收礼还收脑白金"，80 岁的老奶奶在闲聊之时，也会幽默一下，"收礼还收脑白金"……

这则广告画面简单，仅有几个卡通人物，语言也简单，就一句话，

"今年过节不收礼，收礼只收脑白金"，可它却取得了巨大的成功。先不管广告带给企业的效益，单单从眼球效益这个层面看就足以让它成为广告界的经典案例。要知道，这则广告词中国人几乎没有不知道的，它最大限度地吸引了人们的眼球。除此之外，这个广告更是在业界引发了很大的争论，是每次广告效果讨论课的必备课题。

1997 年，美国经济学家 Michael H. Goldhaber 发表了一篇题为《注意力购买者》的文章，他说："获得注意力就是获得一种持久的财富。在新经济下，这种形式的财富使你在获取任何东西时都能处于优先的位置。财富能够延续，有时还能累加，这就是我们所谓的财产。因此，在新经济下，注意力本身就是财富。"这就是注意力经济，也是眼球经济的来源。

信息时代，社会大众的注意力被看作稀缺资源，在广告满天飞舞的现代商战中，一个品牌的广告成功与否的直接标准就是它能否最大限度地吸引眼球。要知道，同一时期，不知道有多少同类广告淹没在广告的海洋中，成了随风而逝的泡沫，造成企业广告资源的巨大浪费。那么，我们应该如何用一句话让自己的产品广告在同类产品广告中脱颖而出，吸引到尽可能多的消费者的眼球呢？

不要花哨，要事实

"喜力滋啤酒"广告可谓是广告界的经典案例。喜力滋啤酒在现代广告奠基人之一的克劳德·霍普金斯接手之前，在同行业中位居第五，克劳德·霍普金斯接手后，很短时间内，它就从第五一跃成为第一。

克劳德·霍普金斯做的事很简单，喜力滋啤酒的广告，讲述了一个事实，喜力滋啤酒用的是来自地下4000英尺的纯水，它的酵母是一块经过1018次试验、具有独特风味的酵母，它的酒瓶经过了4次高温消毒，而当时美国其他啤酒厂商的广告都宣称自己是"纯啤酒"，特别特别纯，比所有人的都纯，却没有一家道出"为什么纯"这个事实。

为了吸引眼球，很多企业总是绞尽脑汁想出很多花哨、酷炫、自我感觉良好的创意，很多时候，这些创意也仅仅是自我感觉良好而已。很多时候，一万句花哨的褒奖之词比不上一句平实而有力的事实告白。

不需别具一格，只需易于重复

脑白金广告的成功证明了一个道理：重复是一种力量。一句谎话重复一百遍就能变成真理，一句真理重复一百遍就能根深蒂固地进入对方的思想。某些话，也许你第一次说的时候，对方毫无感觉，但是说得多了，产生的能量会一次比一次大，一次比一次"刺耳"，一次比一次"扎心"。如果我们成百上千次听到"送礼就送脑白金"，我们会以为这不是厂家的声音，而是身边所有人的声音，那么，我们在给老人送礼的时候，会自然首先选择脑白金。

第10章
一语定乾坤：创建品牌

为了方便重复，我们的广告语一定要朗朗上口，口语化，没有生僻字，没有复杂的形容词、助词等，老人、小孩都能随时挂在嘴边。有些企业为了吸引眼球，而去创造新词、另类词，那就得不偿失了。

可以超乎常规，但是需要适度

在广告密集投放的今天，吸引消费者眼球，仅仅依靠循规蹈矩的传统广告已经很难奏效，非常规的广告语言能帮助自己的广告从同类广告中跳脱出来，有效而快速地提升品牌认知度。我们平时看到的矿泉水广告有很多：××山泉水回味甜；健康新生活，从××开始；××好水，世界好水。农夫山泉却没有从生活和水的味道上做文章，而是说："我们不生产水，我们只是大自然的搬运工。"一句话，包含了很多信息，让人回味无穷，自然便从同类广告中凸显出来。

不过，我们在追求"非常规"的过程中，一定要注意适度，否则很可能被广告"反咬一口"。有这样一则房产广告：画面上是一个极富视觉冲击力的女性胸部，大大的广告语在画面下方：再也不能比这更低了。这是一则低价促销广告，从视觉上还有语言上都很有冲击力，可这个楼盘的定位是高贵、典雅，这样的广告词就好比在打自己的脸，因为这样的广告语让大家能想到的都是低俗、廉价的概念。

一语定乾坤之道：
运用五行系统，
绽放演说魅力

《孔子家语·五帝》篇中记载："天有五行，水火金木土，分时化育，以成万物。其神谓之五帝。"五行理论认为宇宙自然是由五种要素相生相克衍生变化所构成的，结合五行学说和多年的演说经验，我悟到演说之道也离不开五行之力，运用好五行系统，能让您的演说达到登峰造极的境界。

● 公众演说的灵魂是什么？

魂，灵魂，精魂，在五行中属水，水滋养了生命，有着川流不息的内涵。有些人讲话，讲不到3分钟，嗓子就哑掉了；有些人发表演说，讲了30天，嗓子越讲越有磁性。为什么？公众演说的灵魂在于感觉，感觉就是演说的灵魂和精神，有了灵魂和精神的演说，让听众有感觉，也会让演说者越讲越兴奋，越讲越精神。

有感觉才有杀伤力

销售员卖产品，首先对产品要有感觉，要认可这个产品，否则连自己都没法说服，又怎么能卖给别人？老板做一个行业，首先要对这个行业有感觉，不管是做服装、互联网、房地产，还是做培训，只有对这个行业有感觉，你才有可能坚持做5年、10年、20年，只有坚持下来，才有可能成为行业的权威、专家，才有可能把事业做成。

人生想要获得事业的成功，就要有感觉地做事，做有感觉的事，就像我扎根于教育培训行业，如果我对培训没有感觉，也就不可能一干就是 11 年，而且打算一直干下去。为什么你能在一个行业坚持 10 年、20 年甚至一辈子？因为你对这件事情有感觉。交朋友依然如此，有感觉地交朋友，交有感觉的朋友，你见一个人没有感觉，跟他讲三句话你都觉得很累；你见到一个朋友，很投缘，就算聊 3 天 3 夜也不觉得累。人生最大的不幸，就是一辈子干着没感觉的事，如行尸走肉一样出卖自己的劳动力，出卖自己的肉体，出卖自己的灵魂，比这更悲哀的事就是跟一个没感觉的人躺在床上过一辈子。

人一生中最大的悲哀就是一辈子干着没感觉的事。微软前总裁史蒂夫·鲍尔默就是一个很有感觉的演说家，他演说时，会攥紧拳头像疯子般满台奔跑，脸部肌肉扭曲到难以想象的程度，甚至会撕裂自己的声带。鲍尔默在推广微软的互联网服务(Web services)技术时，在微软的大会讲台上充满激情地反复呼喊"开发者"多达 14 次以上，对此，他的解释是："我对他们发表演说，我被他们所激发。"

鲍尔默的这种很有感觉的演说很有效果，听着他大声喊叫着宣泄他的热情，台下听众的情绪很难不被他异乎寻常的煽动性演说所感染。2013 年 9 月 26 日，鲍尔默在微软全体员工大会上发表了告别演说，讲到最后，他情难自禁，流下了眼泪，在场的 13,000 名员工，不约而同地起立，为他鼓掌，全球观看现场视频的 25,000

名微软员工中有不少人跟着流下了眼泪。

在演说中，有感觉的演说就是自然感情的流淌，越自然才越有杀伤力，才能达到入耳、入脑、入心、入神的演说境界。那么，感觉到底来自于哪里呢？

有感觉地讲话

影片《国王的演讲》讲述的是英王乔治六世克服口吃最终演说成功的故事。乔治六世是前国王的二儿子，他从没想过当国王，也一直自认为自己没有资格当国王，可因为哥哥退位，现实逼迫他必须当国王。为了改掉口吃的毛病，他找来了语言治疗师罗格，罗格对他进行了很多训练：行为训练，放松训练，重新学习控制声带，等等，可效果都不是很好。

在和乔治六世的接触中，罗格逐渐发现了国王口吃的根本原因：他的内心被一个绝对化的认知信念所误导——"因为我口吃，所以我做任何事情都是不行的""一个连话都说不好的人，是没有资格成为国王的"……这些错误的信念首先引发他对演说的预期焦虑，导致身体器官异常，加速了行为上的失误而发生口吃，导致演说失败。

事情的转机出现在一把椅子上。一次，两人见面，罗格若无其事地坐在了象征王权的椅子上，乔治六世坚决要罗格离座，罗格十分不屑："不就一张椅子吗？我才不管那么多。""不，"国王涨红了脸，滔滔不绝地说起来，"这是记载着历史的椅子！""我为什么要听你的？""因为我是国王！我有这权力！"

听国王说完，罗格非但不生气，反而站起来，接上话茬儿："我知道，你是个好国王。"奇怪的是，就在这时，国王的口吃痊愈了。为什么？因为他有了国王的自觉，他坚定了当国王的信念，有了感觉，口吃自然就被克服了。

有感觉才有杀伤力，当你有感觉的时候，这种杀伤力是由内而外散发出来的。没有感觉的人就如同行尸走肉，你发表演说时，会觉得很累，讲不下去。你没感觉，台下的听众自然也会听不进去，当你有感觉时，一切都变了，你会发现自己的头脑清晰了，语言有力了，口齿利索了。

讲有感觉的话

演说，就是要讲出"哇"的感觉，台下听众听了会睁大眼睛、握紧拳头，会说"你说到我的心里去了"。这就需要演说者在演说时，用情感去表达，用心去表达，用精神去表达，要进入听众的精神世界，要与听众进行灵魂的沟通。当你讲出有感觉的话时，就触摸到了听众的灵魂。

在我的人生中，也有 3 句最有感觉的话。

第一句话是**"学习是智慧的升华，分享体现了生命的延展"**。一个人唯有不断地学习，不断地成长，不断地精进，他的智慧才可以得到升华；一个人不仅要学习，还需要不断去分享，去转训，去传递，所以分享体现了生命的延展。

我的人生中最有感觉的第二句话是"做事精益求精，做人追求卓越"。这句话是我人生的信念，今天也变成了无数巨海人共同信奉的信仰。人的一生中，有"两做"：第一，做事；第二，做人。过去我们就听说过一句话："做事之前先做人。"后来我研究发现，做事之前先做人更适合于官场，把人做好一切都好，但在现今的商业社会中，你进入一个环境、一个组织、一个群体、一家公司，先不谈你有多么会做人，当你把事情做好，代表了人也不会很差，所以，产品代表了人品，人品最终决定了产品。在做事情的过程中，我们追求更好、永无止境的好，这叫精益求精。做人追求卓越，是指一个人向上、进步、成长、日益精进。毛主席说："好好学习，天天向上。"当一个人有了一种追求卓越的精神时，他的人生就永远向上、向善、向美。

我人生中最有感觉的第三句话是**"利众者伟业必成，一致性内外兼修"**。这句话是我人生的经营哲学。在人的一生中，你所做的哪件事情是利众利他的，这件事情就比较容易做成。释迦牟尼创立了佛教，两千五百多年，生生不息。当我见到释永信大师的时候，我问他："师父，为什么佛教历时两千五百多年可以生生不息，释迦牟尼佛祖是如何做到的？"他说："因为佛祖在创立佛教的那一刻，只有一个发心，那就是普度众生。"普度众生就是利众利他之心。

伟大领袖毛主席为什么可以领导中国革命取得成功？为什么小米加步枪可以打败老蒋的飞机大炮和坦克？为什么毛主席能够带领全国人民建立新中国？因为毛主席一直传递一种思想，那就是——为人民服务。为人民服务，天下为公，普度众生，都是一种利众利他之心。一个企业家、领导人有一种利众的心，你的事业自然就会越做越好。当你言行一致，知行合一，说到做到，你就是一个有影响力的人，你就是一个内圣而外王的人。

唐骏，微软中国公司总裁，盛大网络公司总裁，新华都集团总裁兼CEO，港澳资讯董事长兼CEO，每个名头都沉甸甸的，无怪乎被中国媒体誉为中国"第一职业经理人""中国第一CEO""中国打工皇帝"。

很多媒体问过唐骏同一个问题：你为什么能成功？唐骏的回答是："中国人最怕的是被感动，如果你感动了他，那么他会为你赴汤蹈火。这是中国人的性格。"他用打动人心的语言感动了同事、上司、竞争对手、反对者……最后一步步实现梦想，那么，唐骏是如何做到的呢？这得从唐骏年轻时候的经历讲起。

唐骏在日本留学期间，家里比较穷，一直是半工半读，为了多赚点儿钱，他没有干刷盘子之类的苦力活儿，而是到学校里给日本学生上中文课。在上课之前，他都会很用心地备课，不过，他备课跟别人不一样，为了提起学生们听课的兴趣，他会揣摩学生们想听什么，说了这句话之后，他们会有什么反应。

很长一段时间，在去学校的地铁或者公交车上，唐骏都会对着窗外的一段景物，或者车厢里的某个人，默默地在心中选择一个题目，练习5～10分钟的演说，同时想象听众的反应，每一次都绝不重复。通过这样日积月累的练习，唐骏做到了每一场演说都是为现场听众量身定做的礼物。唐骏对特定听众的心理总是体察入微，所以他能轻松地把握住客户的内心，他能讲出有感觉的话，他能让听众发出"哇"的感慨。

在日常工作中，很多老板有这样的体验：我们花费了大量的时间、精力和金钱来激励员工，结果员工该偷懒的继续偷懒，该离开的照样离开。问题到底出在哪儿？你给予的激励和员工的期望不匹配，员工们当然会无动于衷。

一个人为什么可以影响别人？我觉得，首先你说话得有重点。就是别人听你讲话，很有收获，没有感觉是在浪费时间，别人觉得你讲话有重点、有含金量、有水准，你就可以影响到别人，所以一个老板给员工讲话，一定要讲有重点的话，你讲话一有重点，员工就越听越想听，你讲话讲不到重点，讲不出感觉，讲不出内容，久而久之，你的员工就开始打瞌睡了。

同样的道理适用于演说中，如果不能触摸到听众的内心，又何来打动之说？

1945年8月，日本宣布无条件投降，第二次世界大战结束，麦克阿瑟被杜鲁门总统任命为驻日盟军最高司令，负责对日军事占领和重建工作。一天，麦克阿瑟接到情报，在日本横滨登陆的美军遭到了日军几支敢死队官兵的阻碍，对方一副誓死不降的架势。

当时驻日的美军一共只有 1 万人，如果把日军惹毛了，25 万全副武装的精锐军队一起上，分分钟就把他们吞掉了。怎样才能让这批誓死保卫国土的官兵乖乖退让呢？当天，麦克阿瑟身着便服，只带一名文职秘书，来到了横滨日军司令部，对着那里的 250 多名日军军官进行了一次即兴演说。他首先简明扼要地论述了战局，接着转入正题，充满感情地说道：

"战争中的主要角色是军人，是你们，还有我，但我们应该是最先反对战争的人，因为战争的创伤总是最先落在和留在我们的身上……

"在这场生死惨烈的战争中，你们的勇敢和坚韧是最令人钦佩的，我就险些成为你们的俘虏，但现在战争结束了，你们的青春和生命的活力不应该仅仅表现在战场上，国家等待着你们去建设，幸福的生活在向你们招手，你们的亲人也在热切地盼望同你们团聚。因此，我希望你们放下武器，永远地放下，去做一名和平的使者、新生活的创造者……"

说完这些话，台下爆发了热烈的掌声，原本剑拔弩张的气氛荡然无存。麦克阿瑟没有过多地讲国家形势、国土利益之类的大道理，他敏锐地意识到，这些官兵经过长期的战争已经疲惫不堪，"战争中的主要角色是军人，是你们，还有我"，他站在"军人"的角度，把自己跟听众放到了一条阵线上，然后讲出了军人们共同的心声：放下武器，迎接和平。这一策略使得他的演说俘获了台下听众的心，一场战争化于无形。

亚伯拉罕·林肯说过一句话：**"当我准备发言时，总会花三分之二的时间琢磨人们想听什么，而只用三分之一的时间考虑我想说什么。"**在发表公众演说时，我们不能单单从自己的角度出发，而一定要从听众的角度总结演说要点。

上台前，不妨试着问自己几个问题：听众对这个题目了解多少？我了解他们对这个问题的看法吗？听众对我有看法吗？是什么看法？针对我发言的题目，他们有什么个人经历？从这些问题的答案中，我们可以找到演说的感觉，找到演说的灵魂。

另外，演说者上台之前还要充分考虑台下的听众对演说者的态度，一般来说，听众对演说者的态度可以分为以下几种：恭敬、中立、有敌意、逆反或者有抵触心理。针对听众的态度，我们合理组织语言，选择恰当的表达方式就能一语定乾坤。

● 如何才能达到公众演说的目的？

道，是道路，是方向，在五行中属土。所谓土，即土地，是万物生长的根基。所有成功的演说都应该有一个明确的方向和目的，这是演说的根基。道的核心在于目的，有目的地讲话，讲有目的的话，目的就是我要拿到的结果。

曾经有一个这样的故事。白龙马随唐僧西天取经归来，名动天下，被誉为"天下第一名马"，引得众马羡慕不已。于是，很多想要成功的马都来找白龙马，询问为什么自己同样努力却一无所获。

白龙马说："其实我去西天取经时，大家也没闲着，甚至比我还累。我走一步，你们也走一步，只不过我目标明确，十万八千里走了个来回，而你们在磨坊里原地踏步而已。"众马愕然……

路就在脚下，只能靠自己掌舵！成功路上，埋头努力十分重要，在正确的方向上努力则更加重要。很多时候，目的越明确，得到的就越明确。

什么是公共演说？业内对这个名词公认的定义是：公共演说是名人或者有特殊经历的人，面对公众传播演说语言达到某种目的，在公众场所，以有声语言为主要手段，以体态语言为辅助手段，针对某个具体问题，鲜明、完整地发表自己的见解和主张，阐明事理或抒发情感，进行宣传鼓动的一种语言交际活动。

公众演说是面对广大听众的讲话，它不是个人的自言自语，它具有强烈而鲜明的社会性，这就决定了它不可能离开一定的价值判断，它必然要有一定的目的性。一般来说，公众演说有两种类型：

一是陈述性演说。这种演说是为了面向大众陈述一个事件、过程、计划或其他事情。这种演说多见于汇报工作，它的直接目的是交代清楚事情的来龙去脉。

二是说服型演说。这种演说是通过有逻辑的演讲达到说服听众的目的。这种演说比较普遍，它的直接目的是说服听众接受自己的观点、观念、精神等。

美国第16任总统林肯发表解放黑奴的演说，目的就是动员美国人民为解放黑奴、废除奴隶制而斗争；杨振宁、李政道两位科学家发表学术演说，目的就是宣传他们的科学发现，让社会接受其正确的观点，从而推动科学文化的进步。拿破仑率部队远征埃及时的演说，目的是鼓舞士气，激起士兵英勇杀敌的勇气。每个演说者由于身份、地位、年龄、专长各不相同，演说的目的也不尽相同。我们如何才能达到演说的目的呢？

很多人都有这样的体验，一上台就紧张，哪怕是对着自己手下的员工演说也很紧张，说起话来磕磕绊绊，很多好的精神没法顺利传达，很多事情沟通不清。为什么？归根结底，你的心态不端正，如果你想着"我的演说是要索取肯定、认同、掌声"，你的出发点是为了索取，那你自然就会紧张，会缺乏自信，会底气不足。有一个咒语可以解决心理紧张的问题，演说者在上台之前念一下这个咒语，就会很容易消除紧张心理，达到演说的目的。

演说等于帮助，我的出现就是要普度众生

春亭装潢的老板叫杨胜利，有一次，他问我："老师，关于演说你有什么好的建议？"我说："关于演说，我给你一个建议，就是要充分准备，1个小时的演说，要做10个小时的准备，准备得越充分，你心里面有底，你就越自信，你就越自然，越自然，你就越有杀伤力。"于是，他便开始准备致辞，可是当他上台致辞的时候，还是紧张，他跑过来问我："老师，为什么我准备了，今天还是紧张？"于是我便问他："你为什么会紧张呢？"他说："我一上去就想，万一他们不听我讲怎么办？万一他们不看我怎么办？万一他们玩手机怎么办？万一他们不给我鼓掌怎么办？"我说："你为什么会想这些呢？你这是在索取，索取他们的眼神，索取他们的掌声和认同，当你在索取的时候你当然恐惧啊。"他说："那老师，你还有什么更好的法宝？"我说："我给你一句咒语，只要你把这句咒语消化一下，从此演说再也不会怯场，这句话就是——演说等于帮助。"

演说的目的不是要证明自己很重要，不是炫耀自己有多好，演说的目的是发自内心地帮助你的听众。

只要你开口，就是在帮助别人，你讲话的时候，别人愿意听，不是你讲得好、你讲得精彩，而是因为对别人有帮助。上台之前，反复念这个咒语，"演说等于帮助，我的出现就是要普度众生"，越信越相信，越相信越信。

第11章

一语定乾坤之道：运用五行系统，绽放演说魅力

● 伟大的演说家是如何炼成的?

法,是策略,是法门,在五行中属金。所谓金,是指坚固、凝固的东西。上古时,对于物质世界中有坚固属性的东西,都以金字统称。在演说中,掌握了正确的策略、法门,无论演说的对象、主题、场景等发生了什么变化,演说都可以取得成功。

有一个成语叫一通百通,意思是,一个主要的弄通了,其他的自然也都会弄通。这个词出自于吴承恩的《西游记》,原文是:"这猴王也是他一窍通时百窍通,当时习了口诀,自修自练,将七十二般变化,都学成了。"学习演说的过程中,如何才能一通百通,如何才能听一遍口诀,就能学会七十二般变化呢?如何高效、有效地学会演说呢?

伟大的演说家都是从免费演说开始的

全世界最厉害的事情是免费。百度、QQ、淘宝都是开始免费,后面赢利。**伟大的商业模式都是从免费开始的。同样的道理,伟大的演说家都是从免费演说开始的。**

10 年前,我讲了 640 场演说,都是免费的;10 年后,我的出场费是 10 万元人民币起。我的学生秦以金在过去 36 年当中都不知道怎么活的，他遇到我那一刻才知道什么叫人生的活法，然后他放下所有的一切。2012 年 6 月 26 日，上完"纵横天下"总裁研讨会，秦老师一个人开车 2000 多公里，历经 38 个小时，从上海开到杭州，再从杭州一个人开到成都，3 个月的时间里免费演说 101 场，这是拜师的第一项考核。3 个月之后，秦以金老师讲完了 101 场，他又开车 2000 多公里回到上海，他说现在随便三五百公里那都是一眨眼的事情，因为他开过 2000 多公里，同样，随便一场演说他都很有自信，因为他已经讲过 101 场了。

为什么说伟大的演说家都是从免费演说开始的？因为练习可以造就大师。

学而不练，十年不变。

狼孩的故事大家想必并不陌生。1920 年，在印度加尔各答东北一个名叫米德纳波尔的小城，人们常见到一种"神秘的生物"出没于附近森林，有两个用四肢走路的像人的怪物尾随在 3 只大狼后面，在夜晚出没。后来人们打死了大狼，终于在狼窝里发现这两个"怪物"，原来是两个裸体的女孩。她们的生活习性跟狼一样，用四肢行走，白天睡觉，晚上出来活动，怕火、光和水，不吃素食只吃肉，不会讲话，每到午夜后像狼一样引颈长嗥。

后来，她们中年龄较小的去世了，年龄较大的活了下来，经过 7 年的教育，她才掌握了 45 个词，勉强学会说几句简单的话。因此，科学家指出，语言能力并非人天生的本能，而是后天社会实践和劳动的产物。狼孩虽然具备了开口说话的生理基础（如发音系统等），但她没有学习说话的语言环境，所以也就无法像正常人一样开口讲话，更谈不上拥有好的口才了。

在《百家讲坛》上，于丹讲《论语》，7 天就红遍全国，当她做客《鲁豫有约》被问及"你从小口才就这么好吗"时，她的回答居然是："我小的时候几乎不说话！"同样为我们熟知的"疯狂英语"的创始人李阳，幼年的时候沉默寡言，几近自闭；著名电影演员葛优上幼儿园的时候性格内向，说话脸红……像这样一些从小在口才方面并不突出的孩子，长大以后却成了口若悬河的口才大家，这其中的秘密是什么呢？两个字——练习！

古代大演说家德摩斯梯尼也并不是天生的演说高手，他天生口吃，气息短弱，还有耸肩的坏习惯，那么他是如何成长为演说大师的呢？为了成为卓越的演说家，德摩斯梯尼付出了超过常人几倍的努力，进行了异常刻苦的学习和训练。

为了克服耸肩的毛病，他在屋顶上吊了两把宝剑，剑尖正好对着肩膀，如果他一耸肩，宝剑就会刺疼他。为了克服口吃的毛病，他将小石子放在嘴里，然后不停地朗读文章，慢慢地，小石子磨圆了，他含着鹅卵石也能把话说清楚了，等他吐出鹅卵石以后，嘴皮子就变得非常溜了。气息不够用，怎么办？他就边朗诵诗歌，边往山上跑，最后，毛病终于都被克服了。

德摩斯梯尼跟着柏拉图学习演说技巧，柏拉图是当时公认的演说大师，他的每次演说，德摩斯梯尼都前去聆听，并用心琢磨……经过十多年的磨炼，德摩斯梯尼终于成为一位出色的演说家，他每次登台演说，都会迎来听众雷鸣般的掌声。

古代的演说家视练习为瑰宝，现代的演说家更视练习为生命。

2007年5月，我住的地方离黄浦江比较近，每天早上我会跑步到黄浦江边，对着滔滔江水练习演说，每天练一个小时到两个小时，风雨无阻。记得我刚开始面对黄浦江练习演说的时候，很多路人对我指指点点，也许是觉得这个年轻人对着江水怎么会讲得这么有感情，而且还带着手势。

刚开始我还不太好意思，但转念又想：我练习的目的是什么，我要成为第一名！想通了，也就放开了，"做自己的事，让别人看去吧"。后来，我在黄浦江边演说，别人看我，我也看别人，这个时候已经不是我不好意思，而是别人不好意思了。

通过不断的努力，面对黄浦江演说了101天之后，我的演说功力大增，得到了更多的认可和支持，我成了聚成全国200多名老师中的前三甲。因为演说成交的概率大幅提升，我开始受邀到全国各地去巡回演说，逐步实现有聚成的地方就有我的声音、有我声音的地方就能引爆全场的这样的一个目标。

成功的关键是练习，不断练习。当我们看到一个人成功的结果时就可以想象他曾经付出的过程，看到一个人努力的过程就可以预见他成功的未来。

第11章

一语定乾坤之道：运用五行系统，绽放演说魅力

好的演说是练出来的

要想成为演说家，要练习。概括起来，主要有 3 个方面：

其一，练勇气。

如果上台就慌张，那就算有再好的演说稿、再好的演说技能也发挥不出来，这就需要我们克服紧张心理，勇敢地站上舞台。第一次，你可能会被紧张控制而无法正常发挥，两次、三次、四次……经过多次练习后，你就可以成功掌控紧张的情绪，让它成为你演说的兴奋剂，而不是拦路石。

要注意的是，不要在私下自己一个人的时候偷偷练，而要在人前光明正大地练，大方地邀请家人、朋友甚至路人听你的演说，甚至请他们为你录音、录像，通过观察自己的录音、录像资料，客观地评估自己，并做出有利的修正。

其二，练肌肉。

好的声音、微笑、眼神、表情、肢体动作都是靠肌肉来支配的。演说者不仅要练口才，还要练肌肉，面部肌肉决定了你的面部表情，面部表情决定了你带给听众的直观感受。手臂肌肉决定了抬臂挥手的肢体动作，抬臂挥手的肢体动作运用得好，能传达给听众自信、可信赖的情感。

在进行肌肉练习的时候，一定要注意细节。练习眼神时，要注意眼角的动作、眼珠的停顿时间；练习肢体动作时，一定要注意手的高度、挥舞的力度、脚叉开的角度等，避免差之毫厘失之千里。

其三，练技巧。

什么样的开场白才能吸引听众的注意力？停顿多长时间最有感染力？什么时候应该与听众互动？在反复练习的过程中，掌握这些演说技巧，将为你的演说加分不少。

这里有一个小窍门。我们可以通过观摩、揣度成功演说家的演说，来学习演说技巧，他们身上不经意间流露的技巧都是久经锤炼的，你能学习然后转化成自己的东西，将会少走很多弯路。

孔子说："吾道一以贯之。"他的"一"是什么呢？是终极美好的"一"，是世界事物的"本质"，抓住了这个"一"，其他任何事情都会水到渠成。对于演说家来说，这个"一"就是练习，只要掌握了练习的奥秘，那成为伟大的演说家就不再遥远。

● 好的演说需要运用什么工具和道具？

器，是器具，工具，在五行中属木。木代表了树木，代表了工具，两千年前，吃饭的、喝水的、代步的，生活中使用的工具几乎都是木质的。人与动物最大的区别就在于能否使用工具，人类社会每前进一步，都与利用工具息息相关：石头、木棍、火、铜器、汽车、飞机、手机、电脑……可见，工具对人类是非常重要的。

有一个词叫"善假于物"，出自《荀子·劝学》："登高而招，臂非加长也，而见者远；顺风而呼，声非加疾也，而闻者彰；假舆马者，非利足也，而致千里；假舟楫者，非能水也，而绝江河。君子生非异也，善假于物也。"

这句话的意思是：登上高处招手，手臂并没有加长，但更远的人也能够看得见我；顺风呼喊，声音并未加速，听见的人会觉得更清晰；坐车乘马，不是靠人的脚走得快，可是能达千里；行舟划船，靠的不是游泳，可是能渡过江河。君子不是生下来就有什么不同，只不过是善于借物使力。

诗人席慕蓉说："智者在泥淖中给自己折一只纸船，将自己摆渡出生命的黑暗。"如果说生命就是一次远航，那么，每个人都是掌舵者，能不能使用好工具，决定了你航行距离的长短。善于假借外物的人，生命往往会绽放出异样的光芒。

为了发挥出最好的水平，演讲者也要善用工具，一般来说，公众演说有 5 大工具：

文字

文字就是你所要表达的内容，是演说的第一工具，也是最基础的工具。没有文字，就没有内容，你的演说就是空洞的。在演说的过程中，一段发人深省的话语能震荡人的心灵，带给听众极大的刺激。不过要注意的是，演说过程中呈现出来的文字一定要简洁、一目了然，千万不要把你的所有演说词都显现给听众，如果听众的关注点放在了阅读文字上，就很难再分出精力听你的演说了。

另外，演说者要保证文字大小适中。怎样才算适中呢？如果你走到房间的最后面，也就是在你演说时观众坐的最远的位置，能够轻松看清前面的文字，那就是适中。

还要注意的是，对于需要听众重点注意的文字，可以用不同颜色或者通过画圈等方式强调。这样可以让观众更容易看到内容突出的地方，也能让你演说时更容易找到重点。

图片

一张图片的信息量相当于6万个文字的信息量，跟文字相比，图像更形象、更直观，图片利用得好，可以为你的演说加分。在演说的过程中，使用的图片一定要与你的观点相关，不要为了放图片而放图片，图片一定要选择好，并且风格要与演说内容相协调。比如讲低碳环保、绿色节能的话题，在演示文稿时如果使用绿色的背景图片，就会在一定程度上与内容相呼应，这样的演说无疑会比较精彩。

同文字一样，在使用图片时，演示文稿时一般一次只放一张图片，如果放太多图片，会让人一下子接受不过来，反而影响演说的效果。

图文并茂

文字与图片相结合，同时发挥文字的想象力和图片的直观性，在演说的过程中，这种结合方式能起到很好的辅助作用。不过，这里使用的图片一定要适合主题，并且视觉冲击力要强，匹配的文字一定要足够简短。

另外，在有数据需要展示时，最好不要用文字，而是通过表格、柱形图、折线图或是饼状图等展示出来，这些比文字更清晰易懂，能大大增强演说的效果。

视频

动画视频的形式，从视觉、听觉两方面带给人刺激，冲击力更强。同样的道理，所选视频一定要适合主题，并且播放时间不宜过长。

业内专家背书

成功就是牵着巨人的手走。狐狸怎样才能威慑众人？它凭借自己的力量永远也做不到，但狐狸找到一个既有实力又有影响力的老虎走在自己的后面，结果所有的小动物都乖乖地低下了头。"借"不仅是一种思维与行为的艺术，更是生存与成功的绝佳策略。

很多时候，普通人的一百句话比不上专家的一句话。为了证明一款药品功效神奇，一位中老年使用者的话胜过我的一百句话。为了证明我的书好看，《心灵鸡汤》的作者马克·汉森的一句话胜过我的一百句话。借用业内专家背书，演说的信服力会大大提升。

● 伟大演说家生生不息的激情来自哪里？

势，是姿势、态势，更是趋势，在五行中属火，代表了燃烧的状态。如火般燃烧的激情是一个成功者的必备素质。

稻盛和夫提出了一个著名的"稻盛成功方程式"，即成功 = 事业的思考方式 × 热情 × 能力。在成功的三要素中，稻盛和夫尤其看重热情，他认为，内心不渴望的东西，就不可能靠近自己，一个人能够实现的只有他内心渴望的东西。要想成功，必须对你的工作充满热情，有热情才有干劲，如果整日昏昏沉沉，提不起干劲，那干什么工作能成功呢？！

比尔·盖茨曾说："我们公司的核心文化就是激情文化，员工须要有激情，才能全身心地投入到工作中去，而技巧是可以培养出来的……"微软公司得以创办正是源于比尔·盖茨"不做就一辈子都不会甘心"的创业激情，为此他放弃了学业，全身心地投入到了软件创业的理想中，最终成就了大名鼎鼎的微软公司。

在公众演说中，演说者富有热情才能点燃听众的热情，才能带给听众很大的鼓舞和震撼，让听众受到很大的感召。那么，怎样才能做到有热情呢？

第11章
一语定乾坤之
道：运用五行
系统，绽放演
说魅力

有人说，所谓热情就是演说时的声音很大；有人说，所谓热情就是演说者的表情、动作足够夸张，这些全都对，也全都不对，声音、表情、动作都是热情的表象，所谓的热情最终来自于内心，只有发自内心的热情才能让你的声音、表情、动作等表达得富有真情实感，而不是矫揉造作。唯有如此，热情才能给人一种猛烈的、难以抑制的感觉。

热情来源于梦想

演说家为什么有源源不断的热情呢？因为他们心中有梦想。

我的恩师——共和国四大演讲家之一——彭清一教授，是一位虽然身患残疾却在演说界活跃 30 余年的伟大演说家，他累计演说 4800 多场，直接听众竟达 300 余万人。他曾先后赴 30 多个国家和地区进行访问，并受到莫洛托夫、米高扬、布尔加宁、铁托、胡志明、布托、尼克松、福特等领导人的亲切接见。他的演讲如波澜壮阔的史诗，排山倒海，气势恢宏，但绝不是豪言壮语的堆砌、空洞无物的说教，他用真诚、激情、幽默、沉吟、呐喊来赢得在场每一位听众的心。

彭清一教授曾是一位孤儿，几经磨难终于成为新中国第一代舞蹈家，然而他命途多舛，55 岁为青年演员做一个示范动作时，让他的腿遭受了严重的伤害。正是这个命运的玩笑，让他与舞蹈从此无缘。谁也不曾想到，倔强的彭老竟用两个假膝盖登上了演说台，而且一站就是 30 多年。坎坷的一生已不再是苦难的回忆，而是他演说热情的源泉，他有了一个梦想：尽自己一生之力去影响更多人，去改变更多人。

不管你是 18 岁，还是 80 岁，有梦的人生最美。我要用毕生的时间和精力来捐建 101 所巨海希望小学，为慈善捐款 101 亿元人民币，梦想让我每一天都充满了热情。我每天早上起床告诉自己：我成杰听到、看到、感觉到，并且知道，我生命的目的就是成为拥有巨大影响力的人，并且去影响、帮助、成就更多人。当我疲倦的时候，这样的话连续讲 10 遍，浑身就充满活力，因为有梦的人生最美。

人为什么要活着？

人活着，心中要有梦想，没有梦想的人生就如同行尸走肉。

斯尔曼是英国一对登山家夫妇的儿子，在他 11 岁时，父母在乞力马扎罗山上遭遇雪崩，不幸遇难。临终前，他们留给了年幼的斯尔曼一份遗嘱，希望他能代替他们战胜世界的高山。

斯尔曼的一条腿患了慢性肌肉萎缩症，连走路都有些跛，这样的遗嘱对他来说，可谓是不可完成的任务。斯尔曼心中怀着实现父母遗愿的梦想，没有退缩，他坚持不懈地锻炼身体，参加越野长跑，在南极适应冰天雪地的艰苦生活，到撒哈拉沙漠考验自己的野外生存能力。终于，强大的毅力让他克服了身体的缺陷，19 岁时，他登上了珠穆朗玛峰，接着是阿尔卑斯山、乞力马扎罗山，到 28 岁的时候，他登上了世界所有著名的高山。

斯尔曼的壮举赢得了世人的崇敬，在世人的祝福还没来得及传达给他的时候，斯尔曼做了一个出乎所有人意料的举动，年仅28岁的他自杀了。他在遗言中写道："完成父母的遗嘱是我的梦想，一直以来，这个梦想支撑着我克服种种困难。当我的梦想全部实现的时候，我没有了继续奋斗的新方向……"

梦想让斯尔曼克服身体的缺陷、克服艰苦的自然条件，失去了梦想，也让斯尔曼失去了活下去的动力。这就是梦想的魅力。

有3个工人在砌一面墙。有一个人过来问："你们在干什么？"第一个工人爱搭不理，说："没看见吗？我在砌墙。"第二个工人抬头看了一眼这个人，说："我们在盖一幢楼房。"第三个工人真诚而又自信地说："我们在建一座美丽的城市。"伟大的成就属于第三个工人，因为他有梦想、有激情。

人可以分为3种：一是"自燃体"，能自动发出光和热，这种人多是领袖人物，他们充满激情，因为他们心中有梦想，并且能引爆更多人的激情。二是"易燃体"，一点火就着，这种人多是组织的中坚人物，经过领袖人物的带动，他们会燃起激情。三是"绝燃体"，这种人绝不会有激情燃烧的时刻，多是不受欢迎的边缘人士，任人踢打辱骂，如同一潭死水。

你要成为什么样的人？我相信大家都愿意成为能够自我燃烧并且会引爆他人激情的人。

人为什么会有激情？因为有梦想，有梦想的人才有激情。要知道，每天早上叫醒我们的不是闹钟，而是心中的梦想。这一生中，我有 5 大梦想，第一大梦想是成为华人演说家教练；第二大梦想是成为世界演说大师；第三大梦想是成为一代大商，另外两大梦想便是成为亿万畅销书作者和全球著名的慈善家。激情源于梦想，这些梦想让我每天精神饱满，斗志昂扬，它们时时刻刻提醒着我，这一生我要成为什么样的人，要成就什么样的事业，要成就多少人的梦想。

做梦是不需要花钱的，为什么不做一下呢？不妨每天花 10 分钟做一件事情，那就是做梦，做梦的时候，问问自己下面 3 个问题。

问题 1：我要成为什么样的人？

苹果公司创始人乔布斯说："活着，就是为了改变世界。"

鲍勃·普克特说："生命绝对不可以平凡，而且本来就该不平凡。"

而我想，人活着，就要活得精彩一点儿。人生最重要的问题就是如何认识你自己，明确了这个问题，就有了活着的精神和力量。林语堂说："梦想无论怎样模糊，总潜伏在我们的心底，使我们的心境永远得不到宁静，直到这些梦想成为事实才止；像种子在地下一样，一定要萌芽滋长，伸出地面来，寻找阳光。"

很多时候，我们都会被现实所困，找不到出路，我们的脚步总是匆匆，走了太远，却忘了当初为何而出发，不妨停下匆忙的脚步，

第 11 章

一语定乾坤之道：运用五行系统，绽放演说魅力

241

静静地问问自己：我要成为什么样的人?

当我走出校园，在家种一亩三分地时，我并未屈服于命运，我渴望成功，渴望像雄鹰一般展翅翱翔于天际。我要成为一个企业家，我要成为一个光耀门楣、改变家族命运的人，我要成为一个影响世界的人。因此，我不断为之奋斗，我要为我所做的每一件事都贴上卓越的标签。现如今，我的梦想正在一步步成为现实，而我还在继续前行。

生命之所以伟大在于人心中有梦。

人因梦想而伟大，人因学习而改变，人因行动而卓越。

问题 2：我要成就什么样的事业?

保尔·柯察金说："人生最宝贵的是生命，生命属于人只有一次。一个人的生命应当这样度过：当他回忆往事的时候，他不因虚度年华而悔恨，也不因碌碌无为而羞愧；在临死的时候，他能够说：'我的整个生命和全部精力，都已献给世界上最壮丽的事业——为人类的解放而斗争。'"

爱因斯坦也说过："对一个人来说，所期望的不是别的，而仅仅是他能全力以赴和献身于一种美好事业。"

为什么你每天都活得浑浑噩噩?为什么你觉得人生没有方向?因为你没有梦想，没有追求，不知道自己想成就什么样的事业。只有知道了自己要干什么，那么你才有可能干成什么。

2008 年，我创办了上海巨海企业管理顾问有限公司，经过 6 年的发展，2014 年，巨海公司已经拥有了上海、杭州、南京、苏州、无锡、南通、扬州、温州、金华、嘉兴、成都、重庆、绵阳、内江、南宁、柳州、桂林、株洲、衡水等 30 多家分公司。我梦想着 2018 年巨海能成为一家上市公司，我们将在北京鸟巢办一场 10 万人的慈善演说，届时我们将邀请华人首富李嘉诚先生出席演说，我还将邀请国际功夫巨星成龙和壹基金创始人李连杰与我同台演说。

看到我如今的成长以及所成就的事业，很多人说我是个天才，其实，我想说的是，我并不是天才，只是明确地知道我要做什么，我要成就什么样的事业。正如高尔基所言："天才是由于对事业的热爱而发展起来的。简单地说，天才——就其本质而论——只不过是对事业、对工作过程的热爱而已。"

问题 3：我要成就多少人的梦想？

领导人就是要发自内心地成就人，你能成就多少人的梦想，你就能成就多大的事业！

创办巨海之初，我便确立了巨海的使命——帮助企业成长，成就同人梦想，为中国成为世界第一经济强国而努力奋斗。

巨海自 2008 年创办至今，越来越多的企业家走进了巨海的课堂，在巨海，他们找到了人生的梦想，他们不断地成长蜕变，他们的企业也发生了翻天覆地的变化。

第 11 章

一语定乾坤之
道：运用五行
系统，绽放演
说魅力

243

巨海企业家讲师团首席讲师秦以金老师，人生一波三折，创办过自己的公司，自从来到巨海，从一个上台发抖、说话不流利的企业家，华丽蜕变成一名超级演说家和团队建设专家。

四川天星影视艺术学院院长陈天星，因一次偶然的机会，走进了我的课堂。2011 年 8 月 28 日，他拜我为师，成为一名演说家，在我的大力协助下出版管理著作《工作要有好心态》。2011 年 9 月 21 日，他的电影《双截棍》在第五届德国科隆电影节获得最高奖项——组委会大奖。回到国内，正好 9 月 27、28、29 日，巨海教育集团举办了"演说家论道"的活动，邀请他作为演说嘉宾。在我的大力推动和协助下，现场卖电影包场，第一次就突破 100 万。后来，在我的演说平台上，他大量参与到演说中，于是，通过演说，他的《双截棍》在 2012 年 3 月 2 日正式上映前，已收回了全部的投资。2013 年 11 月 11 日，《功夫战斗机》全球首映礼在成都洲际大酒店举办，在演说中，我作为主创团队一员及陈天星的师父登台发表演说，讲述了功夫精神和陈天星的电影梦，将《双截棍》拍卖了 58 万元，创造了历史新高。

巨海公司帮助了成千上万家企业实现了发展和腾飞，巨海柳州分公司总经理郑云娟说："成杰老师的课程可以让人的心胸格局彻底放大，让整个人彻底改变，让你知道如何去领导好自己的企业以及成就自己的员工，让你的员工以及你身边的人从心底里感激你，让你的影响力飞速放大！"卡夫贸易总经理丁海燕说："是成杰老师打开了我人生的一扇窗户，让我破茧成蝶，焕然重生。和巨海相遇，我的人生、家庭、企业都将得到腾飞！"中美自控阀门董事长余健说："在成杰老师的课程上，我获得了生命之火重新燃烧的感觉。老师的舞台魅力深深地吸引并震撼了我，他教我学习《生命智慧的十大法门》，让我找到了人生的梦想，我的新生命从此起航。"

每一个来巨海的人，我们都会跟他说："来巨海，你没有梦想，我们帮你找到梦想，你有梦想，我们帮你实现梦想。"巨海上海分公司总经理贺兴兴用 6 年的时间，从一名工厂女工蜕变成上海分公司掌门人，成功地从丑小鸭逆袭成美丽的白天鹅。很多 90 后年轻人来到巨海，开始慢慢地有了自己的梦想，并努力地去实现。有些人来到巨海，短短一两年时间，便已开始买奔驰、宝马，买房，并实现了自己的价值。今天也有很多人，他们的父母就是企业家，但是他们依然选择来巨海，改变自己，提升自己。

利众者伟业必成，一致性内外兼修。一个领导人要从内心深处去帮助人、影响人和成就人，他才能成更加伟大的事业。（全文完）

爱

爱没有增加，一切都是枉然；
爱一旦增加，一切即将改变。

巨海集团
EDUCATION OF JUHAI

2013十大杰出青年川商

成杰
巨海集团 董事长